梅兰芳自述

梅兰芳 著

泰山出版社·济南·

图书在版编目（CIP）数据

梅兰芳自述 / 梅兰芳著. -- 济南 ： 泰山出版社，
2022.12

ISBN 978-7-5519-0738-5

Ⅰ . ①梅⋯ Ⅱ . ①梅⋯ Ⅲ . ①梅兰芳（1894—
1961）－自传 Ⅳ . ① K825.78

中国版本图书馆CIP数据核字（2022）第167799号

MEILANFANG ZISHU

梅兰芳自述

责任编辑 池 骋
装帧设计 路渊源

出版发行 泰山出版社
  社 址 济南市泺源大街2号 邮编 250014
  电 话 综 合 部（0531）82023579 82022566
        出版业务部（0531）82025510 82020455
  网 址 www.tscbs.com
  电子信箱 tscbs@sohu.com
印 刷 山东新华印务有限公司
成品尺寸 150 mm × 230 mm 16开
印 张 10
字 数 130千字
版 次 2022年12月第1版
印 次 2022年12月第1次印刷
标准书号 ISBN 978-7-5519-0738-5
定 价 36.00元

凡　例

一、本书收录了作者的相关经典文章或片段，主要展现了作者的学术历程或情感操守等。

二、将所选文章改为简体横排，以适应当代的阅读习惯。所选文章尽量依照原作，以保持文章的时代原貌，有些地方参照当下最新的整理成果进行了适当修改。

三、所选文章没有标题或者标题重复的，编辑时另行拟加或改拟。个别文章为相近内容之汇辑，另拟新题。

四、对有些当时使用的文字，如"的""地""得""化钱""记帐"等,均一仍其旧。

目录

我的开蒙老师吴菱仙

我家在庚子年，已经把李铁拐斜街的老屋卖掉了，搬到百顺胡同居住。隔壁住的是杨小楼、徐宝芳两家（**徐宝芳是梅先生的姨夫的父亲**）。后来又搬入徐、杨两家的前院，跟他们同住了好几年。附近有一个私塾，我就在那里读书。后来这个私塾搬到万佛寺湾，我也跟着去继续攻读。

杨老板（小楼）那时已经很有名气了。但是他每天总是黎明即起，不间断地要到一个会馆里的戏台上，练武工，吊嗓子。杨老板出门的时间跟我上学的时间差不多，常常抱着送我到书馆。我有时候跨在他的肩上，他口里还讲民间故事给我听，买糖葫芦给我吃，逗我笑乐。隔了十多年，我居然能够和杨大叔同台唱戏，在后台扮戏的时候，我们常常谈起旧事，相视而笑。

九岁那年，我到姐夫朱小芬家里学戏。同学有表兄王蕙芳和小芬的弟弟幼芬。吴菱仙是我们开蒙的教师。我第一出戏学的是《战蒲关》。

吴老先生教我的时候，已经五十岁左右。我那时住在朱家。一早起来，五点钟就带我到城根空旷的地方，遛弯儿喊嗓。吃过午饭另外请的一位吊嗓子的先生就来了，吊完嗓子再练身段，学唱腔，晚上念本子。一整天除了吃饭、睡觉以外，都有工作。

吴先生教唱的步骤，是先教唱词，词儿背熟，再教唱腔。他坐在椅子上，我站在桌子旁边。他手里拿着一块长形的木质"戒方"，这是预备拍板用的，也是拿来打学生的，但是他并没有打过我。他的教授法是这样的：桌上摆着一摞有"康熙通宝"四个字的白铜大制钱。譬如今天学《三娘教子》里"王春娥坐草堂自思自叹"一段，规定学二十或三十遍，唱一遍拿一个制钱放到一只漆盘内，到了十遍，再把钱送回原处，再翻头。有时候我学到六七遍，实际上已经会了，他还是往下数；有时候我倦了，嘴里哼着，眼睛却不听指挥，慢慢闭拢来，想要打盹，他总是轻轻推我一下，我立刻如梦方醒，挣扎精神，继续学习。他这样对待学生，在当时可算是开通之极；要是换了别位教师，戒方可能就落在我的头上了。

吴先生认为每一段唱，必须练到几十遍，才有坚固的基础。如果学得不地道，浮光掠影，似是而非，日子一长，不但会走样，并且也容易遗忘。

关于青衣的初步基本动作，如走脚步、开门、关门、手式、指法、抖袖、整鬓、提鞋、叫头、哭头、跑圆场这些身段，必须经过长时期的练习，才能准确。

跟着又学了一些都是正工的青衣戏，如《二进宫》《桑园会》《三娘教子》《彩楼配》《三击掌》《探窑》《二度梅》《别宫》《祭江》《孝义节》《祭塔》《孝感天》《宇宙锋》《打金枝》等。另外配角戏，如《桑园寄子》《浣纱记》《朱砂痣》《岳家庄》《九更天》《搜孤救孤》……共约三十几出戏。在十八岁以前，我专唱这一类青衣戏，宗的是时小福老先生的一派。

吴先生对我的教授法，是特别认真而严格的。跟对待别的学生不同，他把大部分精力都集中在我身上，好像他对我有一种特别的希望，要把我教育成名，完成他的心愿。我后学戏而先出台，蕙芳、幼芬先学戏而后出台，这原因是我的环境不如他们。家庭方面，已经没有力量替我延聘专任教师，只能附属到朱家学习。吴先生同情我的身世，知道我家道中落，每况愈下，要靠拿戏份来维持生活。他很负责地教导我，所以我的进步比他们快一点，我的出台也比他们早一点。

我能够有这一点成就，还是靠了先祖一生疏财仗义，忠厚待人。吴先生对我的一番热忱，就是因为他和先祖的感情好，追念故人，才对我另眼看待。

吴先生在先祖领导的四喜班里，工作过多年。他常把先祖的逸闻轶事讲给我听。他说："你祖父待本班里的人，实在太好。逢年逢节，根据每个人的生活情形，随时加以适当的照顾。我有一次家里遭到意外的事，让他知道了，他远远地扔过一个小纸团儿，口里说着：'菱仙，给你个槟榔吃！'等我接到手里，打开来看，原来是一张银票。"

当时的科班制度，每人都有固定的戏份，像这种赠予，是例外的，因为各人的家庭环境、经济状况不同，所以随时斟酌实际情况，用这种手法来加以照顾。吴先生还说，当每个人拿到这类赠予的款项的时候，往往正是他最迫切需要这笔钱的时候。

花旦戏

　　这时候除了吴先生教授青衣之外，我的姑丈秦稚芬和我伯母的弟弟胡二庚，常来带着教我们花旦戏。就这样一面学习，一面表演，双管齐下，同时并进，我的演技倒是进步得相当的快。这让幼芬、蕙芳看了，才知道实习的重要，不久也陆续出台了。幼芬专工青衣，蕙芳兼学花旦。我的姑丈秦稚芬也教过他的。

　　在我们学戏以前，青衣、花旦两工，界限是划分得相当严格的。

　　花旦的重点在表情、身段、科诨。服装色彩也趋向于夸张、绚烂。这种角色在旧戏里代表着活泼、浪漫的女性。花旦的台步、动作与青衣是有显著的区别的，同时在嗓音、唱腔方面的要求倒并不太高。科班里的教师随时体察每一个学艺者的天赋，来支配他的工作。譬如面部肌肉运动不够灵活，内行称为"整脸子"。体格、线条臃肿不灵，眼神运用也不活泼，这都不利于演唱花旦。

　　青衣专重唱工，对于表情、身段是不甚讲究的，面部表情大多是冷若冰霜。出场时必须采取抱肚子身段，一手下垂，一手置于腹部，稳步前进，不许倾斜。这种角色在旧剧里代表着严肃、稳重，是典型的正派女性。因此，这一类人物出现在舞台上，观众对他的要求，只是唱功，而并不注意他的动作、表情，形成了重听而不重看的习惯。

那时观众上戏馆，都称听戏，如果说是看戏，就会有人讥笑他是外行了。有些观众，遇到台上大段唱功，索性闭上眼睛，手里拍着板眼，细细咀嚼演员的一腔一调，一字一音。听到高兴的时候，提起了嗓子，用大声喝一个彩，来表示他的满意。戏剧圈里至今还流传有两句俚语："唱戏的是疯子，听戏的是傻子。"这两句话非常恰当地描写出当时戏院里的情形。

青衣这样的表演形式保持得相当长久。一直到前清末年才起了变化。首先突破这一藩篱的是王瑶卿先生。他注意到表情与动作，演技方面才有了新的发展。可惜王大爷正当壮年，就"塌中"了。我是向他请教而按着他的路子来完成他的未竟之功的。

从路三宝学"醉酒"

《贵妃醉酒》这出戏是极繁重的歌舞剧，如衔杯、卧鱼种种身段，如果腰腿没有武工底子，是难以出色的。所以一向由刀马旦兼演。从前有月月红、余玉琴、路三宝几位老前辈，都擅长此戏。他们都有自己特出的地方。我是学的路三宝先生的一派。最初我常常看他演这出戏，非常喜欢，后来就请他亲自教给我。

路先生教我练衔杯、卧鱼以及酒醉后的台步、执扇子的姿势、看雁时的云步、抖袖的各种程式、未醉之前的身段与酒后改穿宫装的步法。他的教授法细致极了，也认真极了。我在苏联表演期间，对"醉酒"的演出得到的评论，是说我描摹一个贵妇人的醉态，在身段和表情上有三个层次，始则掩袖而饮，继而不掩袖而饮，终则随便而饮。这是相当深刻而了解的看法。还有一位专家对我说："一个喝醉酒的人实际上是呕吐狼藉、东倒西歪、令人厌恶而不美观的；舞台上的醉人，就不能做得让人讨厌。应该着重姿态的曼妙、歌舞的合拍，使观众能够得到美感。"这些话说得太对了，跟我们所讲究的舞台上要顾到"美"的条件，不是一样的意思吗？

这出戏里的三次饮酒，含有三种内心的变化，所以演员的表情与姿态，需要分三个阶段：（一）听说唐明皇驾转西宫，无人同饮，感觉内心苦闷，又怕宫人窃笑，所以要强自作态，维持尊严。（二）酒下愁肠，又想起了唐明皇、梅妃，妒意横生，举杯时微露怨恨的情绪。（三）酒已过量，不能自制，才面含笑容，举杯一饮而尽。此后即入初醉状态中，进一层描绘醉人醉态。这出"醉酒"，顾名思义，就晓得"醉"字是全剧的关键。但是必须演得恰如其分，不能过火。要顾到这是宫廷里一个贵妇人感到生活上单调苦闷，想拿酒来解愁，她那种醉态，并不等于荡妇淫娃的借酒发疯。这样才能够掌握住整个剧情，成为一出美妙的古典歌舞剧。

这里不过是拿《醉酒》举一个例。其实每一个戏剧工作者，对于他所演的人物，都应该深深地琢磨体验到这剧中人的性格与身份，加以细密的分析，从内心里表达出来。同时观摩他人的优点，要从大处着眼，撷取精华。不可拘于一腔一调，一举一动的但求形似，而忽略了艺术上灵活运用的意义。

学 戏

　　我在艺术上的进步与深入，很得力于看戏。我搭喜连成班的时候，每天总是不等开锣就到，一直看到散戏才走。当中除了自己表演以外，始终在下场门的场面上、胡琴座的后面，坐着看，越看越有兴趣，舍不得离开一步。这种习惯，延续得很久。以后改搭别的班子，也是如此。

　　我在学艺时代，生活方面经过了长期的严格管制。饮食睡眠，都极有规律。甚至于出门散步，探访亲友，都不能乱走，并且还有人跟着，不能自由活动。看戏本来是业务上的学习，这一来倒变成了我课余最主要的娱乐，也由此吸收了许多宝贵的经验。日子久了，在演技方面，不自觉地会逐渐提高。慢慢地我在台上，一招一式，一哭一笑，都能信手拈来，自然就会合拍。这种一面学习，一面观摩的方法，是每一个艺人求得深造的基本条件。所以后来，我总是告诉我的学生要多看戏，并且看的范围要愈广愈好。譬如学旦角的，不一定专看本工戏，其他各行角色都要看。同时批评优劣，采取他人的长处，这样才能使自己的技能丰富起来。我在幼年时代，曾经看过很多有名的老前辈的表演。最初我还不能完全领略他们的特点。譬如龚云甫的《太君辞朝》

《吊金龟》一类的戏，我看了只觉得他的声音好听动作表情好看，究竟好到什么地步，我还是说不出来。

我初看谭老板（鑫培）的戏，就有一种特殊的感想。当时扮老生的演员，都是身体魁梧，嗓音洪亮的。唯有他的扮相，是那样的瘦削，嗓音是那样的细腻悠扬，一望而知是个好演员的风度。有一次他跟金秀山合演《捉放曹》，曹操出场唱完了一句，跟着陈宫接唱"路上行人马蹄忙"，我在池子后排的边上，听得不大清楚。吕伯奢草堂里面的唱腔和对句，也没有使劲。我正有点失望，哪晓得等到曹操拔剑杀家的一场，才看出他那种深刻的表情。就说他那双眼睛，真是目光炯炯，早就把全场观众的精神掌握住了。从此一路精彩下去，唱到《宿店》的大段二黄，愈唱愈高，真像"深山鹤唳，月出云中"。陈宫的一腔悔恨怨愤，都从唱词音节和面部表情深深地表达出来。满戏园子静到一点声音都没有，台下的观众，有的闭目凝神细听，有的目不转睛地看，心灵上都到了净化的境地。我那时虽然还只有一个小学生的程度，不能完全领略他的高度的艺术，只就表面看得懂的部分来讲，已经觉得精神上有说不出来的轻松愉快了。

还有几位陪着谭老板唱的老前辈，如黄润甫、金秀山……也都是我最喜欢听的。

黄润甫的为人非常风趣，在后台的人缘也最好。大家称他为"三大爷"。观众又都叫他"黄三"。这位老先生对于业务的认真，表演的深刻，功夫的结实，我是佩服极了。他无论扮什么角色，即使是最不重要的，也一定聚精会神，一丝不苟地表演着。观众对他的印象非常好，总是报以热烈彩声。假使有一天，台下没有反映，他卸装以后，就会懊丧到连饭都不想吃。

当时的听众又都叫他"活曹操"。这种考语，他是当之无愧的。他演反派角色，着重的是性格的刻画。他决不像一般的演员，把曹操形容得那么肤浅浮躁。我看见他陪谭老板演过《捉放曹》《战宛城》《阳平关》三出戏里的曹操，就是用不同的手法来表演的。

他描摹"捉放"的曹操，是一个不择手段、宁我负人的不得志的奸雄；《战宛城》的曹操，就做出了他在战胜之后，沉湎酒色的放纵神态，可是这却绝不是一个下流的登徒子模样；到了《阳平关》，就俨然是三分鼎足、大气磅礴的魏王气概了。

他勾曹操的脸谱，跟今天一般演员所勾的，就有部分的区别。他把面部地位勾得小，纱帽戴得低，眼圈线条画得极细，神情上的确生动得多。后来俆五爷演《战宛城》曹操的脸谱，就是照他的路子勾的。

他的嗓音沉郁沙亮，虽然不以唱功取胜，但是他嘴里的功夫，那种犀利的喷口，是经过千锤百炼才造成的。我坐在台下听，觉得他每一个字，都能很清晰地送到耳边。他因为不适宜唱"铜锤"花脸，所以专攻"架子"花脸。大部分的精力都集中在做工表情上。在他晚年，我还赶上同他唱过几出戏。那时他的牙齿全掉了，完全运用上下唇的力量来唱，这又另是一种神韵了。学他的人，大半是学了他晚年没有牙的口风；做工方面也往往失之粗犷过火，忽略了其他重要的部分。其实黄老先生的风格，是遒炼气派之中，又含着妩媚的意味的。只要看他扮演张飞，就能明白这种境界了。

关于他的师承，据老辈说，他学的是钱宝峰、庆四两位。钱宝峰擅，长靠把，演张飞一路角色最为拿手；庆四是短打见长，擅演窦尔墩、黄三太一路角色。黄润甫是采取了钱、庆二位的优点，加以融化而自成一派的。

金秀山先生的嗓音沉郁厚重，是"铜锤"风格。如《草桥关》《二进宫》等剧，我都看过。后来他又兼演架子花脸，跟谭老板合作多年，对他非常倚重。一个极不重要的角色，经他一唱就马上引起了观众的重视，真是一个富有天才的优秀演员。我同他合演过《长坂坡》，他扮曹操；《岳家庄》，他扮牛皋；《雁门关》与《穆柯寨》他都扮孟良。

金秀山是票友出身，他才十几岁就常在蒋养坊胡同"风流自赏"票房玩票。后来是拜的何桂山为师。同时北京还有一个著名的票房，在西直门内盘儿胡同翠峰庵，名叫"赏心乐事"，也出了不少人才。如德珺如、刘鸿开……"下海"以后，都成为名演员。这两处票房，大概是在同治十年左右就成立了的。金秀山的正式"下海"，已经到了光绪七年（1881年）了。讲到金秀山"下海"的故事，跟我们梅家倒有点关系。王大爷（瑶卿）知道得很详细，我也就是听他讲的。

王大爷的父亲名叫王家琳，艺名绚云；他从谢肃玉专学昆旦。他为人慷慨，好交朋友，跟我祖父也有交情。生了王大爷，满月那一天，亲友们照例要去道喜的。他家除了预备酒席招待贺客之外，还找了一班"托偶"戏，作为余兴节目。"托偶"是一种傀儡戏。傀儡戏在演出的技巧和形式上，可以分"托偶"与"提线"两个系统。北方的"托偶"戏人型大，扮演的是京戏居多。又名"大台宫戏"，简称"宫戏"。南方的"提线"戏人型较小，扮演的都是各地方的民间故事。这两种表演的方法虽然都是傀儡在前面耍，人在幕后唱，可是耍的技术就大大地不同了。耍"托偶"的人是在下面的，耍"提线"的人是在上面的。我们只要从"托"和"提"两个字上，就可以了解他们的耍法了。北京有些票友，学会了几出戏，嗓子倒挺好，台上的经验不足，还不敢彩排演出，先就躲在幕后消遣一出，大家管这个叫"钻桶子"，金秀山当年就是"钻桶子"的好手。

　　照从前一般外界朋友的猜想，总以为内行家里有了喜庆事情，一定邀上几位同行，凑成一次堂会。这不是太方便了吗？可是为什么不听说内行家里有堂会呢？其实这理由很简单，本界的人数太多，谁家没有娶妻生子这一类的喜事。如果你来我往，彼此唱开了头，那就没有个完。再说，内行家里有事，来宾总是同行占多数。你请他们听戏，是不会感觉多大兴趣的。普通都是找一班大鼓、杂耍来热闹热闹。像那天王家的"托偶"戏，一半也是为了我祖父想听金秀山的唱才特邀的。表面上请他走票消遣，骨子里对他"下海"的前途却很有关系。他那时虽说是个票友，凭他那一条悲壮沉着的好嗓子，已经有点名气了。我祖父打算约他参加四喜班，但是没有听过他的戏，所以借这个机会请他来"钻桶子"。唱了一出"二进宫"，听的内行都一致认为满意，不久他果然就正式"下海"了。

第一次到上海

　　在民国二年的秋天，上海丹桂第一台的许少卿到北京来邀角。约好凤二爷（王凤卿）和我两个人。凤二爷的头牌，我的二牌。凤二爷的包银是每月三千二百元，我只有一千八百元。老实说，那时许少卿对我的艺术的估价，是并不太高的。后来凤二爷告诉我，我的包银他最先只肯出一千四百元，凤二爷认为这数目太少，再三替我要求加到一千八百元。他先还是踌躇不定，最后凤二爷跟他说："你如果舍不得出到这个价钱，那就在我的包银里面，匀给他四百元。"他听了觉得情面难却，才答应了这个数目。

　　那时候我们住在北京的要到上海来，就算是出一趟远门了。看得很不简单，好像是一件了不起的事。先要计划许多日子。譬如添置些行头，做件比较好一点的新衣服，又要买些送人的礼物，如蜜饯、桃脯、杏脯、茯苓饼这一类的北京土产。足足忙了一个多月，才能动身。凤二爷带了两个儿子（*少卿、幼卿*），坐船先走。

　　我那年已经是二十岁的人了，还没有离开过北京城。一个人出远门，家里很不放心，商议下来，请我伯母陪着我去。茹莱卿先生替我操琴，也是少不了他的。另外带了替我梳头化妆的韩师父（韩佩亭）、跟包的"聋子"（宋顺）和大李（先替梅雨田拉车的），由许少卿陪我们坐车南下。

当时津浦路刚通车不久。到了浦口，坐上路局备着专送旅客用的轮船，渡过了江，在下关换上沪宁车。到了上海北火车站，丹桂第一台方面派人在车站接候，我们坐了戏馆预备好的马车，一直到了望平街平安里许少卿的家里。

这是一所三楼三底两夹厢的上海式楼房。凤二爷住楼上的客堂楼，我住楼下厢房，许少卿自己住在我的对面厢房里。他的一部分家眷搬到别处，匀出房子来让我们住的。

客堂里的布置，照例是摆着一堂红木家具。当中两张红木八仙桌，上面一张长几，陈列着江西景德镇烧出来的福禄寿三星。还有一座朱漆描金神龛，财神带着守财童子，端坐在里面，静静地享受那长期的香火供养。直到这家主人，事业失败，家产荡然，他的任务才算终了。两壁挂着名人的书画。最令人头痛的事，就是一炉檀香，薰得乌烟瘴气，走进门来，好像到了庙里一般，但是他们相信这种祈祷对于业务上是会有影响和帮助的。

伙食方面，是由许家娘姨给我们烧菜。她的青鱼头尾和炒酱，做得真不算错。这是我初次尝到的南边口味。早上吃点心，有时就到面馆里去叫汤包和肉面。

那时拜客的风气，还没有普遍流行。社会上的所谓"闻人"和"大亨"，也没有后来那么多。凤二爷只陪我到几家报馆去拜访过主持《时报》的狄平子、《申报》的史量才、《新闻报》的汪汉溪。狄先生因为到过北京，跟凤二爷素有往来，其余二位都是他替我们介绍的。我们还认识了许多文艺界的朋友，如吴昌硕、况夔笙、朱古微、赵竹君等。昆曲的前辈，如俞粟庐、徐凌云……也都常同席见面。另外有两家老票房——"久记"和"雅歌集"，我们也拜访过。当时票界的活动，虽然也常举行会串和义演，但组织上没有后来的庞大，参加的人数也没有现在的广泛，所以我们的应酬并不太忙。

我们在戏馆快要打泡之前，有一位金融界的杨荫荪，托人来找凤二爷，要我们在他结婚的堂会里面，唱一出《武家坡》。杨家请来接洽的人，是我们的老朋友，情不可却，就答应下来。

戏馆经理许少卿听到了这个消息，马上就来阻止我们。他提出的理由是：新到的角儿，在戏馆还没有打泡之前，不能到别处去唱堂会，万一唱砸了，他的损失太大，所以竭力反对，态度非常坚决。同时我们已经答应了杨家，也不肯失信于人，一定要唱。因此，双方的意见，大不一致，就闹成僵局了。

最后杨家托人向许少卿表示，如果新来的角儿，因为在这次堂会里唱砸了，影响到戏馆的生意，他可以想一个补救办法：由有经济力量的工商界中的朋友，和当时看客的所谓"公馆派"的一部分人联合包上一个星期的场子，保证他不会亏本，并且答应在堂会里就用丹桂第一台的班底，拿这个来敷衍许少卿，才勉强得到了他的同意。

经过这一段的波折，我感觉戏馆老板对于我们的艺术是太不信任了。凤二爷是已经在艺术上有了地位和声誉的，我是一个还没有得到观众批准的后生小辈。这一次的堂会，似乎对我的前途，关系太大。唱砸了回到北京，很可能就无声无息地消沉下去了。我听见也看见过许多这样阴暗的例子。老实说吧，头一天晚上，我的确睡得不踏实。

第二天我一起床就跟凤二爷说："今儿晚上是我们跟上海观众第一次相见，应该聚精会神地把这出戏唱好了，让一班公正的听众们来评价，也可以让藐视我们的戏馆老板，知道我们的玩艺儿。"

"没错儿。"凤二爷笑着说，"老弟，不用害怕，也不要矜持，一定可以成功的。"他这样说来壮我的胆。

杨家看到许少卿这样从中阻挠，和我们不肯失信，坚持要唱的情形，对我们当然满意极了。就决定把我们的戏码排在最后一出，事先又在口头上向亲友们竭力宣传。

堂会的地点，是在张家花园。它的周围占地很大，前门遇到静安寺路，后门遇到威海卫路，是一个私人建造的花园。

杨家在上海的交游很广，那天男女贺客也不少。男的穿着袍子马褂，女的穿着披风红裙，头上戴满了珠花和红绒喜花，充溢着洋洋喜气。我们进了礼堂，先向主人道贺。他们预备了酒席招待我们，吃完了，就到后台扮戏。

《武家坡》是我在北京唱熟了的戏，就是跟凤二爷也合作过许多次。所以出演以前，我能沉得住气，并不慌张。等到一掀台帘，台下就来了一个满堂彩。我唱的那段西皮慢板跟对口的快板，都有彩声。就连做工方面，他们看得也很细致，出窑进窑的身段，都有人叫好。我看他们对于我这个生疏角儿，倒好像很注意似的。

《武家坡》总算很圆满地唱完了。那时上海的报纸上剧评的风气，还没有普遍展开。这许多观众的口头宣传，是有他们的力量的。我后来在馆子里露演的成绩，多少是受这一次堂会的影响的。

那时丹桂第一台在四马路大新街口。后来这馆子拆了，翻盖了商店。它的旧址，现在已经一点痕迹都找不出来了。

头三天的打炮戏码我们是这样拟定的。第一日《彩楼配》《朱砂痣》；第二日《玉堂春》《取成都》；第三日《武家坡》。场面方面，我只约了一位操琴的茹先生，没有带打鼓的。凤二爷是约的田宝林的胡琴，杭子和的鼓。我有些戏就让杭子和附带着给我打。那时候的风气，没有后来旅行剧团的那种大规模的组织，要把大小锣、月琴、弦子全堂场面都带着走的。因为唱的都是通大路的老戏，腔儿也就比较单纯，反正走不出这个圈子，谁都会打会拉的。所以出门旅行表演，非常简单。开支既可节省，食宿问题，也容易解决。

丹桂第一台的基本演员，可都是好角儿。武生有盖叫天、杨瑞亭、张德俊。老生是小杨月楼、八岁红（刘汉臣）。还有双处（阔亭），是著名的孙派老生，嗓音宽亮宏大，能戏不少。可惜那时他的眼睛已经看不大见，表情上受了影响，所以总在前面演唱。花脸有刘寿峰、郎德山、冯志奎。小生有朱素云、陈嘉祥。陈是我的表叔，跟我的昆腔笛师陈嘉梁是兄弟辈。花旦有粉菊花（高秋擎）、月月红。可以说是人才济济，应有尽有，本来就是一台很整齐的戏。所以许少卿只约了我们两个人，邀定以后，就说他那边角色齐全，不必再带别位，免得支配起戏码来发生困难。

民国二年（1913年）十一月四日是我们第一天在馆子登台的日子。我们初次走进了后台，照例由管事的先陪着我们，向同班的演员分别介绍。给我在楼上预备了一间扮戏的屋子，凤二爷就在后台账桌上扮戏。

以前后台的制度，也太封建了。就拿这张账桌来讲，除了老生、武生等行，可以在账桌上扮戏以外，且的一一行，是没有资格坐上去的。新到的角儿，只要能够让你在账桌上扮戏，后台的演员，也都明白了这就是挂头牌的好老。

我的戏码，排在倒第二。大约十点来钟上场。我那天在八点半钟就开始扮戏。一边扮着，一边听到场上的戏，一出一出唱过去，看看快该轮到我的《彩楼配》出场了。我起先确实有点紧张，竭力在控制自己。后来我这样想，这是我唱得很熟的一一出戏，没有个错儿，我怕什么呢？经我这样的自我安慰，果然有了效果，顿时镇静下来。

一会儿场上打着小锣，检场的替我掀开了我在上海第一次出场的台帘。只觉得眼前一亮，你猜怎么回事儿？原来当时戏馆老板，也跟现在一样，想尽方法，引起观众注意这新到的角色。在台前装了一排电灯，等我出场，就全部开亮了。这在今天我们看了，不算什么，要搁在三十七年前，就连上海也刚用电灯没有几年的时候，这一排小电灯亮了，在吸引观众注意的一方面，是多少可以起一点作用的。

我初次踏上这陌生的戏馆的台毯，看到这种半圆形的新式舞台，跟那种照例有两根柱子挡住观众视线的旧式四方形的戏台一比，新的是光明舒畅，好的条件太多了，旧的又哪里能跟它相提并论呢？这使我在精神上得到了无限的愉快和兴奋。

我打完引子，坐下来念定场诗，道白，接着唱完八句慢板。

等上了彩楼，唱到二六里面的"也有那士农工商站立在两旁"的垛句，这在当时的唱腔里面算是比较新颖的一句。观众叫完了好，都在静听。似乎很能接受我在台上的艺术。

其实，那时我的技术，哪里够得上说是成熟？全靠着年富力强、有扮相、有嗓子、有底气、不躲懒，这几点都是我早期在舞台上奋斗的资本。做工方面，也不过指指戳戳，随手比势。没有什么特点。倒是表情部分，我从小就比较能够领会一点。不论哪一出戏，我唱到就喜欢追究剧中人的性格和身份，尽量想法把它表演出来。这是我个性上对这一方面的偏好。

唱的方面，我从开蒙就学这一类正工青衣戏。后来常听王大爷和陈老夫子的戏，觉得陈老夫子的嗓音是细亮娇润。而我是一条洪亮的嗓子，跟王大爷的嗓子比较相近。所以我采取王大爷的部分居多。

那天演完回家，我坐在屋里一把红木太师椅上，端着一杯龙井茶，细细地在想刚才戏馆里的情景。新的舞台、新的灯光装置、新的观众，一幕一幕的，在我脑子里像走马灯一般转来转去。一会儿凤二爷回来，我们彼此道了辛苦，他就上楼休息去了。许少卿跟着也下了他的自备包车，一脚跨进我的屋子，他就说："今天观众的舆论，对你都很好。"我冲着他笑说："第一天打泡，不足为凭。等过几天看看情形再说。"说着他就回到对面屋子，换好衣服，上楼陪凤二爷挑灯夜话去了。

唱完三天打泡戏之后，许少卿预备了很丰盛的菜和各种点心，甜的、咸的，摆了一桌子，请我们到客厅去吃顿宵夜。他夹了许多菜放在我面前的盘子里，说："台上太辛苦了，今晚应该舒舒服服地吃顿宵夜。"我们从他那掩盖不住的笑容，和一连串的恭维话里面，看出他已经有了赚钱的把握和信心了。他坐的地位，正对着那座小型的财神庙。他看看财神，又看看凤二爷跟我。对于我们的期望，似乎超过了这位泥塑的菩萨。他向我们报告戏馆里卖座的成绩，有许多大公馆和客帮公司，都定了长座。外面的舆论，都说这次新来的角色，能唱能做、有扮相、有嗓子，没有挑剔。他举起一小杯白兰地，打着本地话很得意地冲着我们说："无啥话头。我的运气来了。要靠你们的福，过一一个舒服年哉。"我望着他微笑，没有作声。凤二爷想起他不许我们先唱杨家堂会的旧事，就这样地问他："许老板，我们没有给你唱砸了吧？"这位许老板忸怩不安地赔着笑脸说："哪里的话，你们的玩艺儿我早就知道是好的。不过我们开戏馆的银东，花了这些钱，辛辛苦苦从北京邀来的名角，如果先在别处露了面，恐怕大家看见过就不新鲜了。这是开戏馆的一种噱头。我这次邀你们来还有别人的股子，不要让他们说闲话，也有我的不得已的苦衷。其实真金不怕火烧，你们的玩艺儿，我太知道了。要不然我怎么会千里迢迢从北京把你们邀来呢？"

凤二爷把话头引到我的身上，他说："许老板，上海滩上的角儿，都讲究'压台'。我们都是初到上海的，你何妨让我这位老弟，也有一个机会来压一次台？"

许少卿赶快接着说："只要你王老板肯让码，我一定遵命，一定遵命。"

"不成问题，"凤二爷说，"我们是自己人，怎么办都行。主意还要你老板自己拿。我不过提议而已。"

　　凤二爷等许少卿回房以后，走到我住的厢房里面，就拉住我的手说：“老弟，我们约定以后永远合作下去。”我听了觉得非常感动。真的从那次到上海演出以后，我们继续不断地合作了二十几年。一直到九一八事变后，我移家上海居住，才分开手的。

　　我第一次到上海演出，演期本来规定以一个月为限。唱到二十几天上，馆子的营业不见衰落。许少卿就又来跟我们谈判了。他说：“生意很好，希望再续半期，帮帮我的忙。”我开始并没有答应他。我觉得初出码头的艺人，应该是见好就收；再唱下去，不敢说准有把握的。凤二爷的看法，再唱十几天，是不成问题的。于是我们就继续了半期。

　　我们答应了许少卿继续半期的口头契约，这十几天里的营业状况，还是一样的叫座。看看快到十二月十八日，就是期满的最后一天了，许少卿又来跟我们斟酌好了三天临别纪念的戏码。十六日是《穆柯寨》《文昭关》；十七日是头、二本《虹霓关》，当中夹着一出《朱砂痣》；十八日是合演《汾河湾》。这三天当中在我们的戏码前面，又加上王少卿的《鱼藏剑》《琼林宴》和《空城计》。又在《朱砂痣》和《汾河湾》里边把王幼卿也拉进来扮演娃娃生。连我们带来的两员小将也都一齐出马。而且是王氏父子三人同台演出，这够多么热闹。

　　我们在上海一口气唱完了四十五天的戏，都感到有点疲劳，需要休息几天，再回北京。我本来也要添置一些行头，再去买些南方的土产，有关扮戏用的化妆品，如花粉、胭脂这类的东西，带回去还可以分送同行。还要到几处新知和旧交的家里，分别辞行，谢谢他们对我这一番揄扬关照的盛情。他们听说我要走，又排日替我饯行。中菜、西餐连着吃，几乎把我的肚子都吃坏了。

我不是说过我是最喜欢看戏的吗？在表演期间，老没得闲。如今我戏唱完了，就跟学生大考完毕一样，有说不出来的轻松愉快。我马上就匀出工夫，到各戏馆去轮流观光一下。我觉得当时上海舞台上的一切都在进化，已经开始冲着新的方向迈步朝前走了。

有的戏馆是靠灯彩砌末来号召的，也都日新月异、钩心斗角地竞排新戏。他们吸引的是一般专看热闹的观众，数量上倒也不在少数。

有些戏馆用讽世警俗的新戏来表演时事，开化民智。这里面在形式上有两种不同的性质。一种是夏氏兄弟（月润、月珊）经营的新舞台，演出的是《黑籍冤魂》《新茶花》《黑奴吁天录》这一类的戏。还保留着京剧的场面，照样有胡琴伴奏着唱的；不过服装扮相上，是有了现代化的趋势了。一种是欧阳（予倩）先生参加的春柳社，是借谋得利剧场上演的。如《茶花女》《不如归》《陈二奶奶》这一类纯粹话剧化的新戏，就不用京剧的场面了。这些戏馆我都去过，剧情的内容固然很有意义，演出的手法上，也是相当现实化。我看完以后留下了很深的印象。不久，我就在北京跟着排这一路醒世的新戏，着实轰动过一个时期。我不否认，多少是受到这次在上海观摩他们的影响的。

化妆方面我也有了新的收获。我们在北京，除了偶然遇到有所谓带灯堂会之外，戏馆里都是白天表演。堂会里这一点灯光，是不够新式舞台的条件的。我看到了上海各舞台的灯光的配合，才能启发我有新的改革的企图。我回去就跟我的梳头师父韩佩亭细细研究。采取了一部分上海演员的化妆方法，逐渐加以改变，目的是要能够配合这新式舞台，上的灯光的。总之我那时候是一个才二十岁的青年，突然接触到这许多新鲜的环境和事物，要想吸收，可真有点应接不暇了。这短短五十几天在，上海的逗留，对我后来的舞台生活，是起了极大的作用的。

我们由许少卿招待着踏上了北上的火车。当时的沪宁、津浦两路还没有办联运。车到下关，赶着乘轮渡过江。在浦口再买车票，手续相当麻烦。幸亏许少卿派人护送，一切手续都让他去办。等我们上了津浦车，早已天黑。因为这一段路程，要走两天两夜。我们上了车，忙着整理卧铺，安排行李，大乱了一阵，都倦极了，就东倒西歪地睡了下去。可是我倒睡不着了。对着包房里那一盏黯淡而带深黄色的灯光，开始回忆到这次在上海耳闻目见的种种和演出中间的甘苦况味。新式舞台的装置，灯光的配合，改良化妆方法，添置的行头，自己学习的刀马旦，看人家排的新戏，一幕一幕地都在我的脑海里转。这样翻来覆去地想得很久，不晓得在什么，时候，才迷迷糊糊地睡去。

一个没有出过远门的青年，离家日子久了，在归途中快要到家的时候，他的心情是会感到格外的不安的。老拿着行车一览表，按着站头，用递减法来计算前面的路程。古人说"归心似箭"，不是身历其境的人，是不会体会出这句话的真切的。从天津车站开出，大家心里更觉得紧张，都静静地坐着，不大开口讲话了。等到远远望见北京的城墙，车上旅客纷纷地站起来，忙着收拾零星物件。再一回头，已经进入东车站。我家有人来接，下了车，把行李票交给跟包，我先陪我伯母坐上家里的车，回到鞭子巷三条的故居。

立身处世的指南针

回到离开了两个月的家，我真正体会出了"祖母倚闾，稚子侯门"的况味。他们看见我回来了，那种高兴与痛快，实在是难以形容的。我一进门，先到上房祖母住的屋里向她请安。这位慈祥温厚的老人，看见我就说："孩子，你辛苦了。"她伸出手来，抓住我的膀子，叫我站正了。借着窗上射进来的光线，朝我的脸上细细端详了一下，说："脸上倒瞧不出怎么瘦。"我说："奶奶，我给您带了许多南边的土产，火腿、龙井……等行李打开了，我拿来孝敬您。"

"不忙。"我祖母说，"快回房休息去吧。你媳妇她会料理你，洗洗脸，掸掸土，换换衣服。歇会儿，回头来陪着我吃饭。"我诺诺连声地答应着，又陪她说了几句话，才慢慢地退到门边，轻轻打开棉帘子，走出了屋子，回到我的卧房。

我的前室王明华，替我换好了衣服，从火炉上拿下一把水壶，倒了一盆洗脸水让我洗脸。我的大儿子永，跑到我的身边，问我要糖吃。我说："有，回头聋子把行李运到，就可以拿给你吃。"我一面和小孩说话，一面和明华谈着，上海演出的情形。她很关心地听完了，也告诉我这两个月当中一些琐碎的家常。我洗完脸，喝了一杯茶，就又匆匆地跑到鸽子棚边，见到这些跟我暂别重逢的小朋友们，是分外的亲切。大李又来叫我吃饭了。

当年伯父在世，有时把饭开到他的房里去吃。等他过世，一直就都聚在我祖母房里吃饭了。我再跨进祖母的卧室，桌上已经摆着一只火锅，里边是猪肉白菜丸子。另外一碗冻豆腐、红炖肉、芥末炖，一盘户部街月盛斋的酱羊肉。还有馒头和小米饭。这些都是家常粗菜，好久不吃，觉得非常适口开胃。

那天围着桌子陪我祖母坐在一起吃饭的有两位姑母，一位嫁给秦稚芬，一位嫁给王怀卿，还有嫁到朱家的姐姐和两个未出阁的妹子，加上伯母和我们夫妇，一共八个人。挤满在这间并不宽大而且杂物摆得很多的屋里，格外显得黑压压转不过身来。

我靠着祖母一边坐，大家都问我上海的风俗景物，我不住嘴地讲给她们听。生长在那种朴素而单纯的北京城里的人，听到这种洋场十里的奢靡繁华，真是闻所未闻，好比看了一出《梦游上海》的新戏。祖母对我说：

"咱们这一行，就是凭自己的能耐挣钱，一样可以成家立业。看着别人有钱有势享用，可千万别眼红。常言说得好'勤俭才能兴家'，你爷爷一辈子帮别人的忙，照应同行，给咱们这行争了气。可是自己非常俭朴，从不浪费有用的金钱。你要学你爷爷的会花钱，也要学他省钱的俭德。我们这一行的人成了角儿，钱来得太容易，就胡花乱用，糟蹋身体。等到渐渐衰落下去，难免挨冻挨饿。像上海那种繁华地方，我听见有许多角儿，都毁在那里。你第一次去就唱红了，以后短不了有人来约你，你可得自己有把握，别沾染上一套吃喝嫖赌的习气，这是你一辈子的事，千万要记住我今天的几句话。我老了，仿佛一根蜡烛，剩了一点蜡头儿，知道还能过几年。趁我现在还硬朗，见到的地方就得说给你听。"我听到她老人家的教训，心里感动得几乎流下泪来。这几句话我很深刻地印在脑子里，到今天还一直拿它当做立身处世的指南针。

时装新戏的初试

一九一三年我从上海回来以后，就有了点新的理解，觉得我们唱的老戏，都是取材于古代的史实。虽然有些戏的内容是有教育意义的，观众看了，也能多少起一点作用。可是，如果直接采取现代的时事，编写新剧，看的人岂不更亲切有味？收效或许比老戏更大。这一种新思潮在我的脑子里转了半年。慢慢的戏馆方面也知道我有这个企图，就在那年七月里，翊文社的管事，带了几个本子来跟我商量，要排一出时装新戏。这里面有一出《孽海波澜》，是根据北京本地的实事新闻编写的。

《孽海波澜》

《孽海波澜》的故事是叙说一个开妓院的恶霸叫张傻子，逼良为娼，虐待妓女，主编《京话日报》的彭翼仲把张傻子的罪恶在报上揭发出来，引起了社会上的公愤，由协巡营帮统杨钦三讯究结果，制裁了张傻子，同时采纳了彭翼仲的建议，仿照上海的成例，设立济良所，收容妓女，教她们读书识字，学习手工。最后这班被拐骗的妓女，由她们的家属到济良所领回，骨肉得以团聚。

我看完了这个剧本，觉得内容有点意义。先请几位老朋友帮我细细地审查了一下，当天晚上就展开了讨论。有的不主张我扮一个时装的妓女，可是大多数都认为那些被拐骗了去受苦受难的女人不幸的生活和那班恶霸的凶暴，都是社会上的现实，应该把它表演出来，好提醒大家的注意。朋友们一致鼓励，加上我自己又急于要想实现新计划，也就不顾一切困难选定了这个剧本，拿它来做我演时装戏的最初试验。

　　人家演的时装戏，我是看过了的。自己到底还没有唱过，应该怎么排法，我哪儿有谱呢？从那天起，我跟几位朋友就开始不断地研究这个新的课题。

　　第一步是决定了我扮演的角色叫孟素卿，她是营口人，受婆婆的哄骗到了北京，卖到张傻子开的妓院里，逼她接待客人，幸亏碰着同乡陈子珍，代她向营口家里送信。她爸爸孟耀昌是个种田的农民，得信就赶来寻找女儿。遇见彭翼仲，才知道张傻子已经拘捕入监，他开的妓院已经封闭，所有妓女都送入刚开办的济良所，教她们读书做工。根据了照片的证明，他们父女才又团圆了。

　　在这出戏里，王蕙芳扮另外一个叫贾香云的妓女，她有一个客人叫赵荫卿，要替她赎身。两个人正在房里商量，被老鸨周氏听见，第二天就毒打了香云一顿张傻子又设计讹诈赵荫卿，硬说赵荫卿欠他银子五十两不还，还要拐走贾香云。闹到了协巡营，经杨钦三讯明真相，判定张傻子先游街示众，再把他监禁起来。

　　第二步就是服装问题了。我们先把孟素卿的经历，划成三个时期：（一）拐卖时期，（二）妓院时期，（三）济良所作工时期。她的打扮，也换了三种服装：（一）贫农打扮；（二）穿的是绸缎，比较华丽；（三）穿的是竹布衫裤，又归于朴素。这三种服装，是代表着当时三种不同的身份的。头上始终是梳着辫子，因为我早已剪发，所以用的是假头发。先在家里扮好了，大家看了来研究，有不合适的地方马上就改。我们这次的演出倒真是集体创造出来的。王蕙芳的打扮跟我差不离，背后也是梳着一条大辫子。

第三步是研究布景、身段与场面的配合。布景的技巧，在当时还是萌芽时代，比起现在来是幼稚得多，而且也不是每场都用的。身段方面，一切动作完全写实。那些抖袖、整鬓的老玩艺儿，全都使不上了。场面上是按着剧情把锣鼓家伙加进去。老戏在台上不许冷场，可是到了时装新戏里，我们却常有冷场。反正这里面念白多、唱功少。就是我后来排的许多时装戏，也离不了这"念多唱少！"的原则的。

这样的设计和排练了几个月，到了十月中旬，才正式在翊文社把它分为头、二本两天演完。地点仍旧是鲜鱼口的天乐园。

头本里面的角色，我扮孟素卿，王蕙芳扮贾香云，李敬山扮张傻子，郝奉臣扮杨钦三，王子石扮老鸨，陆杏林扮赵荫卿；配搭得倒还算整齐。

张傻子逼奸孟素卿一场，李敬山演得相当生动。把那时北京一般恶霸混混的凶恶状态，描写得十分真实。台下看了，都对这个剧中人愤愤不平，起了恶感。郝寿臣在公堂审问张傻子讹诈赵荫卿——案的神情口气，也非常逼真。

头本儿拐卖孟素卿起，演至公堂审问张傻子为止。

二本里边的主要场子，是彭翼仲向杨钦三建议设立济良所。接着开办妓女识字、读书、机器、手工等讲习班。素卿、香云在济良所学习机器缝纫一场，是由我跟蕙芳细细研究了，重新改编过的。跟剧本小有出入，我们倒是下了一番揣摩工夫的。一边唱，一边做，台下一点声音都没有，很细心地在听。好像是受了感动似的。每次演到这里，都能有这样的收获。我还记得曾经把胜家公司的缝纫机也搬上了舞台。后面孟耀昌赶来找他的女儿的时候，素卿拿着她爸爸的照片痛哭一场。这时候，我看见观众里面，有好些女人都拿手绢在擦眼泪。

刘景然的彭翼仲，二本里才出场。他的形状、动作和语气，依然是派老守旧的样子，彭翼仲是一个维新人物，刘景然没有能够把握住剧中人的性格。我们承认这是那一次演出当中比较减色的地方。

最后李敬山的张傻子，带了一面大枷，鸣锣游街。嘴里嚷着"众位瞧我耍狗熊，这是我开窑子的下场头。"十足的一副下流"混混"的神气。李敬山在这出戏里算是成功的。最后张傻子的大段数板，也很有意思。他是这样念的：

"我自幼，失教训。胡作非为乱人伦。卖良为娼丧良心。为银钱，把事寻。起祸根苗为香云。敲铜锣，有声音。项带长枷分量沉。派巡警，后面跟。木棍打我赛过阴。背上白布把我的罪名写得清。千斤石碑压在身。奉劝同行快醒醒，别学张有（张傻子）不是人！今日大祸临身，是我自己找寻。"就在这大快人心的场面当中，结束了这出在当时算是警世的时装新戏。

这出《孽海波澜》是我演时装戏最初的尝试。凡是在草创时代，各方面的条件，总不如理想中那样美满的。它的叫座能力，是基于两种因素：（一）新戏是拿当地的实事做背景，剧情曲折，观众容易明白。（二）一般老观众听惯我的老戏，忽然看我时装打扮，耳目为之一新，多少带有好奇成分的。并不能因为戏馆子上座，就可以把这个初步的试验，认为是我成功的作品。所以我继续排出了《邓霞姑》、《一缕麻》……以后，就不常演《孽海波澜》了。可是我万想不到在搭双庆社的时候，连唱了几天《孽海波澜》，却影响了一位偶然露演的老前辈的卖座成绩。这件事我搁在心里已经三十几年，今天既然说到这儿，我在讲这段经过事实以前，先应该检讨我自己，怪我当时年纪太轻，做事不假思索，我确是孟浪了一点。

双庆社是俞振庭的老板，我从民国四年（1915年）二次由上海回去，开始搭他的班唱过一个相当长的时期。大约有三年的光景。有一次他来跟我商量要求我把多时不演的头、二本《孽海波澜》，分为四天演出。每天在这新戏头里加演一出老戏，如《思凡》、《闹学》、二本《虹霓关》、《樊江关》等戏。他们开戏馆的老板们，为了营业上竞争的关系，常喜欢换换新鲜花样，这无非是一种生意眼，本不算什么稀奇的事，我也就不加考虑地接受了他的要求。谁知道正赶上谭老板那几天也要在丹桂茶园露了，贴的戏码还是很硬。我在吉祥，他在丹桂，这两个馆子，都在东安市场里面，相离不远。这大概是俞五老板听见谭老板在丹桂出演的消息，恐怕他的营业要受影响，才动了这个新戏老戏同时演双出的脑筋。就等于上海戏馆老板爱用的噱头，拿这个来跟丹桂打对台。这四天的成绩，吉祥的观众挤不动，丹桂的座儿，掉下去几成；最后两天，更不行了。这原因也很简单。讲到谭老板的艺术，那还用说的吗，早就是登峰造极了。可是我们内行有两句话："内行看门道，外行看热闹。"到他那边去的，大半都是懂戏的所谓看门道的观众，上我这儿来的，那就是看热闹的比较多了。从前你拿哪一家戏馆子的观众分析起来，总是爱看热闹的人占多数的。俞五为营业而竞争，钩心斗角，使出种种噱头都不成问题。我跟谭老板有三代的交情，不应该这样做的。

古装戏的尝试——《嫦娥奔月》

大凡任何一种带有创造性的玩艺儿，拿出来让人看了，只要还能过得去，这里面准是煞费经营过的了。古装戏是我创制的新作品，现在各剧种的演员们在舞台上，都常有这种打扮，观众对它好像已经司空见惯，不以为奇了。可是在我当年初创的时候，却也不例外地耗尽了许多人的心血，一改再改，才有后来这一点小小的成就。我应该把我们从理想到事实，试探到完成，这当中的甘苦，大略地介绍一下：

民国四年（1915年）的旧历七月七日，我唱完了《天河配》，又跟几位熟朋友下小馆子。我们志不在吃，随便点过几样菜，各人开了自己的话匣子，照例是讨论关于我的演技和业务。这一天即景生情地就谈到了"应节戏"。李释戡先生说："戏班里五月五日是演《五毒传》《白蛇传》《混元盒》等戏，七月七日是演《天河配》，七月十五日是演《盂兰会》，八月十五日是演《天香庆节》，俗名都叫做应节戏。这里面《白蛇传》和《天河配》是南北普遍流行的。《天香庆节》就徒有戏名，没看见过人演唱的了。我们有一个现成而又理想的嫦娥在此，大可以拿她来编一出中秋佳节的应节新戏。"大家听了一致赞同。我不是说过齐先生是个急性子吗？他就马，上接着说："我们要干就得认真地干。今天是七月七日，说话就要到中秋了。在这四十天里面，我们一定要把它完成的。我预备回去就打提纲。我们编这出戏的目的，是为了应节。剧中的主角是嫦娥，这今天都可以确定的了。不过嫦娥的资料太少，题材方面请大家多提意见才好。"李先生说："书上的嫦娥故事，最早只有《淮南子》和《搜神记》里有"羿请不死之药于西王母，嫦娥窃之以奔月"这样两句神话的记载。我们不妨让嫦娥当做后羿的妻子，偷吃了她丈夫的灵药，等后羿向她索讨葫芦里的仙丹，她拿不出来，后羿发怒要打她，她就逃入月宫。重在后面嫦娥要有两个歌舞的场子，再加些兔儿爷、兔儿奶奶的科诨的穿插，我想这出戏是可能把它搞得相当生动有趣的。"

第二天齐先生已经草草打出一个很简单的提纲。由李先生担任编写剧本。大家再细细地把它斟酌修改，戏名决定就用《嫦娥奔月》。这样的忙了几天，居然把这剧本算是写好了。跟着就轮到嫦娥的打扮，又成为我们当时研究的课题了。我的看法，观众理想中的嫦娥，一定是个很美丽的仙女。过去也没有人排演过嫦娥的戏，我们这次把她搬上了舞台，对她的扮相，如果在奔人月宫以后还是用老戏里的服装，处理得不太合适的话，观众看了仿佛不够他们理想中的美丽，他们都会感觉到你扮的不像嫦娥的。那么这出戏就要大大地减色了。所以我的主张，应该别开生面，从画里去找材料。这条路子，我们戏剧界还没有人走过。我下了决心，大着胆子，要来尝试一下。在这原则确定以后，我的那些热心朋友，一个个分头替我或借或买的收集了许多古画。根据画中仕女的装束，做我们创制古装戏的蓝本。这一段尝试的经过，我把它分为服装和头面两部分来说，比较清楚一点：

服装部分。（一）袖子的做法。从前老戏的服装，都是衣服长，裙子短。画里仕女的装束，相反的是衣服短，裙子长。我自然是照画上的样子，让裁缝做一套短衣长裙。谁知道穿到身上，就发现了——个不太合适的地方。裙子不是做长了吗，当然要往高里系。系到了胸前，就影响这两只袖子的抬肩。让这长裙子高高系紧了，我的两个膀子，不用说还要做舞蹈的身段，就连平时伸屈起来都不灵便了，这是我们初试的失败。我们再动脑筋，把袖子的做法，从肥大的袖口，一路往上窄，窄到抬肩是愈收愈小。把这两只袖子，都做成一个斜角形。这样才解决了袖子的问题。我们先还想用荷包形的袖子。老戏里穿的宫装的袖子，从前倒是荷包的式样。大家嫌它太像日本人穿的和服的袖子，所以决定采用斜角形的方法。（二）水袖的长短。画里仕女的水袖都是很短的。我们仍照老戏的习惯用长的水袖，这一部分服装的设计，舒石父先生、许伯明先生都很在行地帮助了我。

头面部分。画中的仕女，大都画她的正面，或是偏面。所以前面梳头的形状，可以按照画上的样子，加以改革和变化。后面的样子，就无从摸索了。有些画上从正面也能看出她背后梳的头是偏在一边的。我也曾照样试办。谁想到等你转过身来，那真难看极了。我们在台上还是免不了常要转身的，因此我第一次初演《嫦娥奔月》，后面是梳的双髻。我一转身，台下看了，好像时装戏，也不合适。这一点多亏我的前室王明华替我想出了现在的样子。就是把头发散披在后面，分成两条。每一条在靠近颈子的部位加上一个丝线做的"头把"。挨着"头把"下面，有时就用假发打两个如意结。这样才看着顺眼得多了。我初期表演古装戏的假头，韩师傅（佩亭）还梳不上来。每次得请她在家里梳好了，装入一个木盒子里带到馆子临时拿出来现套的。当时外界有这样的误传，说我每演古装戏，我的前室总跟我到后台替我梳头。其实她在家里梳好了交给跟包带去倒是真的。

嫦娥的扮相设计完成以后，应该装扮起来，试演一番。这也是在草创的过程中应有的手续。我们就选定了在冯幼伟先生的家里试演。他住在煤渣胡同，是一所四合房。倒座五间，隔成两大间。我们就在三间打通的那个客厅里面，拿两张大的八仙桌子，并拢了放在最里间靠墙的一边，这就算是我们临时搭的戏台了。他们全部坐在靠门的一边，算是临时的看客，屋里的电灯都关黑了，只剩下里间靠近这小戏台的电灯，是开得很亮的。我们把这间客厅草草地变换了一下，也居然像个小戏馆子。而且灯光的配置，像这种"台上要亮，池座要暗"的方法，倒很合现代化的灯光设备。在当时各戏馆里，还没有采用这样的布置呢。大家看了，都高兴得笑了起来。

我穿了第三次改成功的新行头，走上了这小戏台。把我跟齐先生研究好了的许多种舞蹈姿势，一种种地做给他们看。今天的看客，成心是来挑眼的，有不合适的地方，马上就会走到台口来纠正，同时舒先生手里还拿着一把别针，发现我的衣服，哪儿嫌它太宽，或者裙子的尺寸太长，就走过来在我的身上一个个地别满了别针。简直跟做西装的裁缝，给我试样子的情形差不了许多。行头的颜色方面，吴震修先生的意思，认为不宜太深，尤其不能在上面绣花。应该用素花和浅淡的颜色，才合嫦娥的性格。我这次就照这样做的。

这几位热心朋友，那一阵早晚见面讨论的，全是嫦娥问题。这样足足忙了一个多月，看看中秋到了，还不敢拿出来见人。又继续研究了一个多月，报上一再把这消息登载出去，好些朋友也知道有这件事，都盼望"嫦娥"早日出现。就在旧历九月二十三日的白天，吉祥园果然贴出了我的《嫦娥奔月》。这一天午饭刚刚吃完，馆子的座儿已经满了。这班观众里面，有的是毫无成见专为赶这新鲜场面来的。有些关心我的朋友，他们没有看见我的新扮相，心里多少替我担上几分忧。怕我一会儿不定变成一个什么古怪的模样了。有些守旧派的观众，根本不赞成任何演员有改革的举动，他们也坐在台下等着看笑话，只有我们集体创造的几位熟朋友，前台、后台、灯光、布景，样样都赶着帮我布置。兴奋得几乎忘记了他们自己的忙乱和疲劳。每个人都怀着一腔愉快的心情，脸上挂了微微的笑容，等着看我从月宫里变出一个舞台上从来没有看到过的画中美人来。

头里凤二爷的《战太平》下了场，台下一阵骚动以后，就静静地等着嫦娥出世了。

第一场李寿山扮的后羿，是勾红色三块瓦的花脸，跟关胜、姜维的脸谱差不离，上场先打引子，念完定场诗，对于仙丹的交代，有这样的表白："昨日王母娘娘请我赴瑶池群仙大会，被众仙友灌得醺醺大醉。娘娘赐我仙丹灵药，带回家来，交与我妻嫦娥收下。今日酒醒无事，不免将我妻唤将出来，问她要那丹药吞吃便了。呀嫦娥，嫦娥出来吧！"我扮的嫦娥跟着出场。先念两句诗："醉中偷吃仙灵药，不觉身轻似燕飞。"那时的扮相，还是穿帔，梳大头，与老戏的扮相无异。这下面两个人的对白很长，我不用细说，无非是一个要索讨仙丹，一个想蒙混了事。结果后羿怒打嫦娥，嫦娥逃跑，后羿追下。

第二场俞振庭扮的吴刚，穿的是青快衣、青彩裤、薄底靴，还有白绦子、白鸾带，带甩发。他的扮相有点像《白水滩》的十一郎，上场打完引子，有这样的表白："俺吴刚是也。每日在这月宫之中，修理桂树。昨日王母娘娘传旨说，有下界美人，名唤嫦娥，合来作这月中仙子，执掌宫中一切事宜。今日来临，不免前去，大开桂府宫门，迎接便了！"接唱两句就下场。

第三场嫦娥先在帘内唱倒板："凌霄驭气出凡尘"，上唱快板五句："又见儿夫随后跟，急急忙忙往前进，回看下界雾沉沉。飞来觉得星辰近，不知何处得安身。"此时的身段，一面走圆场，一面唱快板。因为后羿还在后面追来，所以情调相当紧张。这种安排，后来大家排到新戏，是最喜欢采用的场子。嫦娥唱完就下，后羿手拿宝剑追上，唱四句散板，也跟着进了场。

第四场嫦娥上唱："飞来飞去无投奔，举目遥遥见太阴。儿夫后面追得紧，将身跳入月宫门。"这一场景是用的画云的片子，当中有一个圆洞，嫦娥唱完了，就跳进洞里。后羿眼看她奔入月宫，只好回去拿了弓箭，再来射她。

第五场路三宝、朱桂芳、姚玉芙、王丽卿扮的四个仙姑，他们还都是老戏里的扮相呢。上场念完几句，就迎接嫦娥进宫，这些仙姑与嫦娥有下面的一段对白。众仙姑："吾等奉王母敕旨，言道仙姑今日来临，当做这桂府领袖，执掌月宫。"嫦娥："众位仙姑说哪里话来，想我乃下界凡女，误入仙宫，有罪不诛，已属万幸，怎么又敢当此重任。"众仙姑："圣母敕旨，岂能不从，仙姑不必推辞，请上受吾等一拜。"拜完了各念一句进场，以后我要等换好了古装在第十场才有事哪。这里面六、七、八、九四场的穿插，都是为了我换装的原故。

第六场上李敬山扮的兔儿爷，他勾的是金脸，竖眼睛，三片嘴，外加两只长耳朵。身穿黄靠，后面还背着一个大纛旗。手抱杵臼，上场就唱两句："道地药材兼饮片，炮制丸散与膏丹。"捣药时又唱四句："人间到处瞎胡扯，不信真来偏信邪。八月十五中秋节，家家供我兔儿爷。"京戏唱词用的韵脚，是分十三道辙。这里面只有"乜邪"辙用的人最少。这次兔儿爷的词儿，齐先生就试用了一次"乜邪"辙。接着曹二庚的兔儿奶奶穿了宫装扭着出来。两人见了面，有一大段科诨的对白，编得有点儿意思，很受观众的欢迎。从他们俩口子嘴里，互相讲明这兔儿爷和兔儿奶奶根本就都没有这一回事。一个说你这模样哪配成仙，一个说你的扮相也不见得够上资格。最后借用"长耳朵"和"三片嘴"两点来针对当时社会，上各界的形形色色有所讽刺。不提防忽然飞进来一支冷箭，兔儿爷要出去观看动静，才结束了这场科诨。

这种科诨的场子在京戏里是少不了的。像这出《嫦娥奔月》是出歌舞剧，时间也不太长，用不用还没有多大关系。完全是为了拖延时间好从容换装。要是演一出十几刻钟的本戏，它的情节，总不外乎悲欢离合，种种的曲折。如果演员在台上能够做得紧张，观众在台下必然也看得紧张。这样一路紧张到底，等戏唱完了，做的人固然够累，看的人又何尝不累呢。从前我的观众就常常这样对我说："我们来听你的戏，有两种目的。一来是喜欢你的艺术，二来是我们有时因为工作太忙，想上戏馆子来舒散一下我们的脑筋的。"现在的观众更不比当年，有几个是有闲阶级的人！真所谓忙里偷闲地来花钱听戏，恐怕多少也有点想来舒散脑筋的意思。所以在剧情进展到过于紧张之后！应该加些科诨，让观众的精神，暂时有一点松弛的机会。同时还不能破坏剧情。这只有由丑行说几句轻松逗趣的话。让台下哄堂一笑。这也是一种调剂的方法。

第七场后羿跟兔儿爷言语冲突，就动起手来。兔儿爷打败了，又找他的吴伙计帮忙。吴刚出马，才把后羿打跑。这场开打的时间也不短，凡是兔儿爷这边的打手，都是勾脸而且还都支着两个长耳朵。表示是他们的一族。

第八场谢宝云扮的王母，上场打完引子，后羿进来向她诉苦。经王母说明赐给他的仙丹，应该是他的妻子嫦娥吃的。劝他不必自寻烦恼。后羿这才念了两句"不该酒醉求灵药，赔了夫人又碰钉"，扫兴而去。

第九场，吴刚上念："百花开放向春风，天上人间自不同。吾吴刚。今日宫主传旨，要亲自来花园，采花酿酒。是我已将花径扫清，远远望见宫主到来，我不免暂时躲避便了。"这时嫦娥已经有四场没有出来。采花一场，又是全剧的一个主要的歌舞场子。对观众是应该先有这样的暗示的。

在吴刚下场，胡琴刚起倒板这一会儿的工夫，前台后台，可以说是整个吉祥园，都充满了紧张的气氛。今天的观众是抱着好奇心来的。急于要看月宫里的嫦娥仙子是个什么样子。我哪，集合了许多人的精力，耗费了三个月的时间，就在这一分钟以后，要把我们设计的古装打扮，和歌舞姿势，呈现在观众的面前。从种种理想成为事实，这当然是一件很痛快的事情。但是破题儿第一遭的尝试，不免也要捏一把汗的。心里哪能不紧张呢？

第十场，我在帘内唱完倒板"琼楼玉宇是儿家"，场上打着"长槌"，我手抱花镰，镰后挂了一只花篮，慢慢地走出了场。只听见台下就跟打雷似的一阵彩声过去，马上又静到一点声音都没有了。我又在打的灯光底下，看到台下全场观众的眼睛都冲我上下来回不断地打量。我的打扮，让我再分"服装"与"头面"两部，详细介绍一下：

（一）服装：上穿淡红色的软绸对胸短袄，下系白色软绸长裙。袄子上加绣了花边，裙子系在袄子外面。老戏的服装，总是短裙系在袄子里边。这一点是很显著的不同。腰里围的丝绦，上面编成各种的花纹，还有一条丝带，垂在中间。带上还打一个如意结，两旁垂着些玉佩。

（二）头面：头上正面梳两个髻，上下叠着成吕字形，右边用一根长长的玉钗，斜插入上面那个髻里，钗头还挂有珠穗，左边再带一朵翠花。

这场采花的布景，是用花草画的片子布成的野景。同时还打着电光，把电光搬上京戏舞台，这又是我第一次的尝试。那时灯光的设备，自然是非常幼稚的。仅用一道白光，照在我的身上，要让现在的观众看了，有什么稀奇呢。可是三十五年前的观众，就把它看做一桩新鲜的玩艺儿了。

我出场接唱的三句慢板是："丹桂飘香透碧纱,翠袖霓裳新换罢,携篮独去采奇花。"观众听戏,有两个目的,对全剧是看内容,对演员是看技术。这一段慢板,唱得比较费力,动作就不宜太多和太快了。同时观众的习惯,听到慢板,又照例是全神贯注着在欣赏演员的"唱"的。

　　接着念的几句道白,表明采花酿酒是为了中秋佳节,好与众仙庆贺良宵的意思。念完了先把花篮放在正中间的台口,下面就是"花镰舞"了。边唱边舞,做出种种采花的姿势。这儿才是瞧身段的地方。让我把它大致说一说。第一句"卷长袖把花镰轻轻举起。"是先用花镰要一个花,高高举起。第二句"一霎时惊吓得蜂蝶纷飞。这一枝。"是一手拿花镰,一手把水袖翻起,表示蜂蝶乱飞的意思。第三句"这一枝花盈盈将将委地。那一枝。"是一手背着花镰,一手下指,做一个矮的身段。第四句"那一枝开放得正是当时。最鲜妍。"是一手背花镰,一手反着向上指。第五句"最鲜妍是此株含苞蓓蕾。猛抬头。"是把花镰横放在胸前,两手做童子拜观音状,踏步下蹲。第六句"猛抬头那一枝高与云齐。我这里。"是把花镰举起,做一个高的身段。从第二句到第六句,每句唱完,胡琴停住不拉,场上接打"慢长锤",在锣鼓里面做身段,最后一锣打下,就亮了相,等胡琴过门完了再往下接唱。第七句"我这里举花镰将它来取。"是左手斜背着花镰,右手用双指顺了镰杆往上伸过去、做出高攀花枝采花的姿势。七句唱完,接念一段道白。再把花篮拿起,仍用花镰挑着挂在背后,唱到末句"归途去又只见粉蝶依依"的"依依"二字,就要起步走一个圆场,归到下场门一边,再做一个矮身段,才慢慢下场。

当时一班守旧派的观众，看到有人想打破成规，另辟新的途径，总是不赞成的。他们批评我在新戏里常用老戏的身段，不能算是创作。我记得他们还用过这样两句对得很工整的四六体的老文章："嫦娥花镰，抢如虹霓之枪；虞姬宝剑，舞同叔宝之锏。"来形容我的《奔月》和《别姬》，他们的言外之意，就是说我偷用了老身段。这实在一点也没有说错。嫦娥的"花镰舞"，我的确是运用了"虹霓关"的东方氏和王伯党对枪的身段，加以新的组织的。艺术的本身，不会永远站着不动，总是像后浪推前浪似的一个劲儿往前赶的，不过后人的改革和创作，都应该先吸取前辈留给我们的艺术精粹，再配合了自己的功夫和经验，循序进展，这才是改革艺术的一条康庄大道。如果只是靠着自己一点小聪明劲儿，没有什么根据，凭空臆造，原意是想改善，结果恐怕反而离开了艺术。我这四十年来，哪一天不是想在艺术上有所改进呢？而且又何尝不希望一下子就能改得尽善尽美呢？可是事实与经验告诉了我，这里面是天然存在着它的步骤的。就拿古装戏来说，我初演《嫦娥奔月》，跟后排的《天女散花》比较起来，似乎已经是从单纯而进入复杂的境地了。难道说我是成心要先求简单后改复杂的吗？在我初创古装戏的时候，也是用尽了我的智慧能力，把全副精力一齐搬出来认真干的。只是因为经验与学历都不够丰富，所以充其量只能做到那个地步。

第十一场上两个仙女，打扫广寒宫殿，邀请众仙姑来庆贺中秋佳节。

第十二场是上四个仙姑，应嫦娥召请前去饮宴的一个过场。

第十三场嫦娥与众仙姑在广寒宫里饮宴，庆贺中秋佳节。也是全剧最末的一场。饮罢，众仙姑散去，嫦娥更衣，加上了一件软绸的帔，胸前还佩了一块玉。她看到下界众生，双双成对，庆贺团圆，感到比她独处寒宫，清清冷冷，是胜强百倍，不觉动了凡心。深悔当年不该偷窃灵药。这底下有一段"袖舞"，唱的是南梆子："碧玉阶前莲步移，水晶帘下看端的，人间夫妇多和美，鲜瓜旨酒庆佳期。一家儿对饮谈衷曲，一家儿携手步迟迟。一家儿并坐秋闺里，一家儿同进绣罗帏。想嫦娥闭在寒宫内，清清冷冷有谁知。"唱完了再念两句"当年深悔偷灵药，碧海青天夜夜心。"下场。至此全剧告终。这儿的身段，跟采花一场的性质完全不同。胡琴拉过门的时候，动作不多。一切袖舞的姿态都直接放在唱腔里边。把一家家欢乐的情形，一句句地描摹出来。唱做发生了紧密的联系。这是我从昆曲方面得到的好处。"

养 鸽

我幼年的身体并不结实，眼睛微带近视。姑母说我眼皮下垂是实在的。有时迎风还要流泪，眼珠转动也不灵活。演员们的眼睛，在五官当中，占着极重要的地位。观众常有这样的批评，说谁的脸上有表情，谁的脸上不会做戏，这中间的区别，就在眼睛的好坏。因为脸上只有一双眼睛是活动的，能够传神的。所以许多名演员，都有一对神光四射、精气内涵的好眼睛。当时关心我的亲戚朋友，对我这双眼睛非常顾虑，恐怕影响到前途的发展，我自己也常发愁。想不到因为喜欢养鸽子，会把我的眼睛的毛病治好了，真是出乎意料的一件事。

我在十七岁的时候，偶然养了几对鸽子，起初也是好玩，拿着当一种业余游戏。后来对这渐渐发生兴趣，每天就抽出一部分时间，来照料鸽子。再过一个时期，兴趣更浓了，竟至乐此不疲地成为日常生活中必要的工作了。

养鸽子等于训练一个空军部队，没有组织的能力，是养不好的。我训练他们的方法，是把鸽子买来，两个翅膀用线缝住，使它们仅能上房，不能高飞。为的是先让它们认识房子的部位方向。等过了一个时期，大约一星期到十天，先拆去一个翅膀上的线，再过几天，两翅全拆，就可以练习起飞了。

指挥的工具，是用一根长竹竿。上面挂着红绸，是叫它起飞的信号，绿绸是叫它下降的标志。先要练一部分的基本熟鸽子，能够飞得很高很远地回来。这一队熟鸽子里面，每次加入一两个生鸽子，一起练习。遇到别家的鸽子群，混合到一起的时候，就要看各人训练的技巧手法了。也许我们的生鸽子被别家裹了去，也许我们的熟鸽子，把别家的裹回来了。这是一种飞禽在天空斗争的游戏。鸽子的身上都有标记，各家可以交换，也同战场上交换俘虏一样的。有时候发生了误会，双方不能谅解，甚至于还会闹出用弹弓打伤对方的鸽子来表示报复泄愤的事。

鸽子的种类太多了，有能持久高飞的，越飞越远，从北京可以放到通州、天津、保定府来回送信，这是属于军队里的信鸽一类。有一类能在黑夜起飞的叫做夜游鸽。还有一种鸽子，会在天空表演翻筋斗的技术，有的翻一两个，有的能够一连串地翻到许多个。这种样子，在下面的人望上去，就跟飞机在空中表演翻筋斗一样。另有一种专门讲究它的体格、羽毛、色彩的，五光十色，是非常的美观。有些专做贩卖鸽子的，他们还会把普通的鸽子，用各种方法配合成了异种，再待价而沽。

我这不过大略地讲了几种，有好些专门名称，一时也记不全。我从几对鸽子养起，最多的时候，大约养到一百五十对。内中有的是中国种，有的是外国种。

那时候我还住在鞭子巷三号，是一所四合院。院子的两边，搭出两个鸽子棚。里面用木板隔了许多间鸽子窝。门上都挖着一个洞，为的是流通窝里的空气。每个窝里放一个草囤，摆一个水罐，罐的四面也挖一圈小孔，好让鸽子伸进头去喝水。鸽子喜欢洗澡，照例隔两三天洗一次澡。如果发现有生病的，那事情就大了，怕它传染，赶快替它搬家，就好像人得了传染病，要住到隔离病院里去似的。

鸽子不单是好看，还有一种可听之处。有些在尾巴中间，给它们戴上哨子，这样每一队鸽群飞过，就在哨子上发出各种不同的声音。有的雄壮宏大，有的柔婉悠扬。这全看鸽子的主人，由他配合好了高低音，于是这就成为一种天空里的和声的乐队。

哨子的制作，非常精美而灵巧。可用竹子、葫芦、象牙雕成各种形式。上面还刻着制作人的款字，仿佛雕刻家在自己的作品上署名的习惯一样。我从前对收集这种哨子有很深的偏嗜，历年来各种花样收得不少。

伺候这群小飞禽可不大容易。天刚亮，大约五六点钟吧，我就得起来。盥洗完毕忙着打开鸽子窝，把它们的小屋子打扫得干干净净。喂食、喂水，都是照例的工作。这都伺候完了，就要开窝放鸽。先把飞行力最强的一队放上去。飞了一会儿，跟着第二队、第三队……继续往上放。等这几队熟鸽子在上空活动够了，它们就飞在一起，围着房子打转，这就是快要落下来的表示了。可是我要它们带着训练新鸽子，就拿竹竿指挥它们，不许马上下来。接着用手抓住那些新鸽子，一个一个地往上抛，让它们混在熟鸽群里学习。等合群归队以后，再把全部鸽子放出，在房上休息一个时间，再指挥它们回窝，再喂它们的食，给它们水喝。像这样每天要来上好几次，所以伺候一大群鸽子，比伺候人还要麻烦得多。

你别瞧这种小飞禽，它们的家庭组织和教育方法，与人类是很有相似的地方的。譬如每个窝内住一对雌雄鸽子，它们养下的小鸽子，等到会上房起飞，就赶出窝外，不跟它们的后一代同居了。这不是和人类把子弟教育成人，就让他们自立门户一样的吗？

有些年龄大的老鸽子常躲在房椅角上，不肯起飞，得用竹竿吓它们才肯起来。按说也该让它们退休了，可是不能，还有它们的用途呢。

有一种专爱扑食鸽子的飞禽名叫鸽鹰。鸽子飞在天空要被这鸽鹰发现，它立刻会用最快的速度，扑入鸽群，抓住了一个就吃，因此每队鸽子里面，必定要参加几个老鸽子。它们的体力机能，虽然比较减退，但是有丰富的经验，遇到鸽鹰侵袭的时候，它们能够见机而行，很快地指示群鸽，领导着队伍降到安全的地带。

我有时看到天空鸽群，队伍突然凌乱，或者分散开来，彷徨打转，就知道是受到鸽鹰的威胁了。必须赶快把未出窝的老鸽子放到房上去，引它们的后辈归队。所以老鸽子也是不能少的。

鸽子的性格是守信用、守秩序、爱好和平、服从命令的。每天早晨我伺候它们完了，看见我对它们用手一挥，第一队马上都出了棚，很整齐地站在房上，听候命令了。我那时年轻，觉得有这些经我亲手训练的鸽子，很勇敢地听我指挥，是一桩愉快而足以自豪的事。我从组织鸽子里面，得到了许多可贵的经验。这对我后来的事业，也有相当的影响的。我养了快十年的鸽子，没有间断过。等搬到无量大人胡同以后，业务日见繁重，环境上就不许可我再跟这群小朋友们接近了。

以上所说，也不过是在北京一般老养鸽子的普通手续。它对我的身体到底有什么好处呢？有的，太有益处了。养鸽子的人，第一，先要起得早，能够呼吸新鲜空气，自然对肺部就有了益处。第二，鸽子飞得高，我在底下要用尽目力来辨别这鸽子是属于我的，还是别家的，你想这是多么难的事。所以眼睛老随着鸽子望，越望越远，仿佛要望到天的尽头、云层的上面去，而且不是一天，天天这样做，才把这对眼睛不知不觉地治过来的。第三，手上拿着很粗的竹竿来指挥鸽子，要靠两个膀子的劲头。这样经常不断地挥舞着，先就感到膂力增加，逐渐对于全身肌肉的发达，更得到了很大的帮助。

你看我唱《醉酒》穿的那件宫装，是我初次带了剧团到广东表演，托一位当地朋友，找一家老店，用上等好金线给我绣的。这已有二十多年，到如今没有变色，可见得货色是真地道，可是它的分量也真够重的。我这年纪穿着在台上要做下腰身段，膀子不觉得太累，恐怕还要感激当年每天挥舞的那根长竹竿呢。

我喜欢养鸽，亲戚朋友全都晓得的。在我结束了养鸽的生活以后，有一天一位最关切我的老朋友冯幼伟先生很高兴地对我说："畹华，我在无意中买到一件古董，对于你很有关系，送给你做纪念品是再合适没有的了。"说着拿出来看，是一个方形的镜框子，里面画着一对鸽子。画底是黑色，鸽子是白色，鸽子的眼睛和脚都是红色，并排着站在一块淡青色的云石上面，是一种西洋画的路子，生动得好像要活似的。我先当它是画在纸上，跟普通那样配上一个镜框的。经他解释了，才知道实在就是画在内层的玻璃上面，仿佛跟鼻烟壶里的画性质相同。按着画意和装潢来估计，总该是在一百多年前的旧物。据说还是乾隆时代一位西洋名画家郎世宁的手笔，因为上面没有款字，我们也无法来鉴定它的真假。但是这种古色古香的样子，看了着实可爱。我谢了他的美意，带回家去，挂在墙上，常对着它看。这件纪念品，跟随我由北而南二十几年，没有离开过，现在还挂在我家的墙上。

有些事情真是不可思议的。一种小小的飞禽，经过偶然的接触，就会对它发生很深挚的情感。等到没有时间跟它接近，就有它的画像跟我做伴。这大概也许是因为我们在性格上颇有相似之处的原故吧。

牵牛花

　　我从小就爱看花，到了二十二岁，我才开始自己动手培植。每年的秋天，养的是菊花，冬天养梅桩盆景，春天养海棠、芍药和牡丹，夏天养的是牵牛花。差不离一年四季里面，我对于栽花播种的工作，倒是"乐此不疲"地老不闲着的。

　　我养过的各种花，最感兴趣的要算牵牛花了。因为这种花不单可供欣赏，而且对我还有莫大的益处。它的俗名叫"勤娘子"，顾名思义，你就晓得这不是懒惰的人所能养的。第一个条件，先得起早。它是每天一清早就开花，午饭一过就慢慢地要萎谢了。所以起晚了，你是永远看不到好花的。我从喜欢看花进入到亲自养花，也是在我的生活环境有了转变以后，才能如愿以偿的。

　　我从民国五年（1916年）起，收入就渐渐增加了。我用两千几百两银子在芦草园典了一所房子。那比鞭子巷三条的旧居是要宽敞得多了。它是两所四合房合并起来，在里边打通的。上房是十间，南房也是十间。南房这部分除了一间是大门洞，一间是门房，再紧里边靠墙是堆杂物的一间之外，其余的七间：外面的三间打通了是我的客厅；里面的四间也打通了，是我用做吊嗓、排戏、读书、画画的地方。我们都叫它书房。有些熟不拘礼的朋友，和本界的同仁来了，就在这一大间书房里谈话。

我那时的日常生活，大概是清早七点起来，放鸽子，喊嗓子，这都是一定的课程。上午排昆曲，下午排新戏。要是白天有戏，接着就该上馆子了。晚上大家又来讨论有关我们业务上的事情。我这一整天的时间，都抓得紧紧的，连一点空儿也没有。

那年的初夏，有一个清早，我去找齐先生商量一点事情。在他的院子里看见有几种牵牛花的颜色非常别致，别的花里是看不到的。一种是赭石色，一种是灰色，简直跟老鼠身上的颜色一样。其他红绿紫等色，也都有的。还有各种混合的颜色，满院子里五光十色，真是有趣，看得我眼睛都花了。

"为什么我常见的'勤娘子'"我这样问齐先生，"没有这么多种好看的颜色呢？"

"这还不算多，"齐先生说，"养的得法，颜色还要多哪。你要是喜欢它的颜色，你也可以来养它。这不单是能够怡情养性，而且对你的身体也有好处的。"我打齐先生那儿回家，就开始研究养牵牛花了。

牵牛花本是一种藤属的植物，有点像爬山虎。一般人都把它种在竹篱笆底下，或者用绳子从地下扯上房檐，让它横七竖八地乱爬。可是它自己不会往上爬，得由人工扶它上去的。开的花倒是不少，上面的花朵瘦小得实在可怜，色彩也单调无味，叫人看了不会发生什么美感。所以它在中国是属于普通草花一类的。日本最讲究养牵牛花。他们把它从墙上牵藤，改为盆里栽种，花朵大的可以养到有碗口那样大。颜色种类也多得没法统计。我一面买了好些参考书，按图索骥地分别实验起来。一面号召了几位同好，如王琴侬、姜妙香、程砚秋、许伯明、李释戡，加上已经有了经验的齐如山，大伙儿一起往深里研究。

有一次我正在花堆里细细欣赏，一下子就联想到我在台上，头上戴的翠花，身上穿的行头，常要搭配颜色，向来也是一个相当繁杂而麻烦的课题。今天对着这么许多幅天然的图案画，这里面有千变万化的色彩，不是现成摆着给我有一种选择的机会吗？它告诉了我哪几种颜色配合起来就鲜艳夺目，哪几种颜色的配合是素雅大方，哪几种颜色是千万不宜配合的。硬配了就会显得格格不入太不协调。我养牵牛花的初意，原是为了起早，有利于健康，想不到它对我在艺术上的审美观念也有这么多的好处，比在绸缎铺子里拿出五颜六色的零碎绸子来现比划是要高明得多了。中国戏剧的服装道具，基本上是用复杂的彩色构成的。演员没有审美的观念，就会在"穿""戴"上犯色彩不调和的毛病。因此也会影响到剧中人物的性格，连带着就损害了舞台上的气氛。我借着养花和绘画来培养我这一方面的常识，无形中确是有了收获。

牵牛花为什么有这许多种数不清的颜色呢？（一）种子是靠人工用科学方法把它串种改造成功的。就是拿两种极好的本质，和不同的颜色配合起来，使它变成另一种新奇的图案与色彩。（二）我们虽然用了科学的方法来改造它，但是并不能限制它天然的发展。譬如一种赭色和一种灰色，我们想使它变成一种平均混合的色彩，结果总不免或多或少，甚至于这里面还夹杂着别的颜色。有时它的天然发展，比人力培养出来的色彩，更为奇丽。这种好像不能控制的自然现象，又是什么缘故呢？说出来也很寻常，原来是蜂蝶从中作怪。每逢满院子牵牛花盛开的时候，因为它的颜色实在太美了，引得蜂蝶也舍不得走开，老在花丛里穿来穿去，这儿停停，那儿息息，就把花粉带了过去。它们是到处乱停，所以能够变出千百种意想不到的颜色来。

我养过了两年的牵牛花，对于播种、施肥、移植、修剪、串种这些门道，渐渐熟练了。经我改造成功的好种子，也一天天多起来，大约有三四十种。朋友看到的，都称赞我养的得法，手段高明。我自己也以为成绩不算坏了。等我东渡在日本表演的时候，留神他们的园艺家培植的牵牛花，好种比我们还要多。有一种叫"大轮狮子笑"，那颜色的鲜丽繁艳，的确好看。我从日本回来，又不满足自己过去养牵牛花的成绩。再跟同好继续钻研了一二年，果然出现的好种更见丰富。有一种浅绀而带金红颜色的，是最为难得，我给它取了一个"彩鸾笑"的名称，跟日本有一种名贵的种子叫做"猰㺄"的比较起来，怕也不相上下了。

从我发现养牵牛花有种种的益处以后，引起了好些朋友的兴致。舒石父、陈嘉梁也陆续参加了我们这个团体。各人先是在家里努力改造新的种子，遇到有没看见过的颜色，十分美丽的图案，特别肥大的花朵，就邀请同好们去欣赏把玩，并且把这个新种子，分送给大家。我们是这样互相观摩，共同研究，才提高了大家的兴趣。每逢盛暑我们这班养花同志，见面谈话，是三句离不开牵牛花，也可以看出我们对它爱好的情形了。可是只要秋风一起，它的美丽就随着夏令消逝了。我们就把今年留下的好种子，一袋一袋地装入小信封里，在每封上面还标出它的花名；连着莳花用的工具，全部收藏起来，等待来年再种了。

我们除了互相观摩，交换新种之外，也常举行一种不公开的汇展。这纯粹是友谊性质的比赛。预先约定一个日子，在这些养花同志的家里轮流举行。每人挑选马上就要开的许多盆牵牛花，头天送到那家。第二天一清早，一个个怀着愉快的心情，都来参加这次的盛会。进门就看到廊子底下摆满了各家的出品。这是多数人花过的心血、聚拢来的精华，里面的好种子，比一个人所有的当然要多。

我们还约上几位不养花的朋友，请他们来充当临时的评判员。大家送来的花，都是混合在一起随便摆的。他们也搞不清哪一盆花的主人是谁。倒有点像考试的密封卷子，凭着文章定甲乙，用不着有恭维、敷衍这一套把戏。有两次他们指出了几盆认为最优等的花，都是属于我的出品，我在旁边瞧了，真是高兴极了。

这许多位文艺界的前辈们，都来自南北不同的省份，所以他们谈论起来，就听到满屋子打着各省不同的官话。回想这种热闹的聚会，实在是有趣得很。这里面要数齐先生（白石）的年纪最大。每逢牵牛花盛开，他总要来欣赏几回的。他的胡子留得长长的，银须飘逸，站在这五色缤纷的花丛里边，更显得白发红颜，相映成趣。我们看了都说这是天然一幅好图画，也就是当年我的"缀玉轩"里的一种佳话。北京有一家南纸铺，叫"荣宝斋"，请他画信笺。他还画过一张在我那儿看见的牵牛花呢。一晃三十几年，他已经是九十开外的人了。我去年在北京拜访过他，他的身体还是那样硬朗，每天仍旧拿书画和金石来自娱。我见到他就仿佛连我也年轻了许多了。

学 画

　　一九一五年前后，我二十几岁的时候，两次从上海回到北京，交游就渐渐地广了。朋友当中有几位是对鉴赏、收藏古物有兴趣的，我在业余的时候，常常和他们来往。看到他们收藏的古今书画，山水人物，翎毛花卉，真是琳琅满目，美不胜收。从这些画里，我感觉到色彩的调和，布局的完密，对于戏曲艺术有声息相通的地方；因为中国戏剧在服装、道具、化妆、表演上综合起来可以说是一幅活动的彩墨画。我很想从绘画中吸取一些对戏剧有帮助的养料。我对绘画越来越发生兴趣了，空闲时候，我就把家里存着的一些画稿、画谱寻出来，不时地加以临摹。但我对用墨调色以及布局章法等，并没有获得门径，只是随意涂抹而已。

　　有一天，罗瘿公先生到我家里来，看见我正在书房里学画，他对我说："你对于画画的兴致那么高，何不请一位先生来指点指点？"我说："请您给介绍一位吧！"后来，他就特地为我介绍了王梦白先生来教我学画。王梦白先生的画取法新罗山人，他笔下生动，机趣百出，最有天籁。据他说，在南方，他与名画师程瑶笙是画友，两人常常一起关门对坐挥毫，一画就是一天。他每星期一、三、五来教，我在学戏之外，又添了这一门业余功课。王先生的教法是当着我的面画给我看，叫我注意他下笔的方法和如何使用腕力，画好了一张，就拿图钉按在墙上，让我对临，他再从旁指点。他认为：学画要留心揣摩别人作画，如何布局、下笔、用墨、调色，日子一长，对自己作画也会有帮助。王梦白先生讲的揣摩别人的布局、下笔、用墨、调色的道理，指的虽是绘画，但对戏曲演员来讲也很有启发。我们演员，既从自己的勤学苦练中来锻炼自己，又常常通过相互观摩，从别人的表演中，去观察、借鉴别人如何在舞台上刻画人物。

从很多画家观察生活现象进行艺术创造的经验中，也使我受益不少。王梦白先生作画，并不完全依靠临摹，由于他最爱画翎毛，所以在家里用大笼子养了许多不同样儿的小鸟，时常琢磨它们的神态；有时拿一块土疙瘩往笼子里一打，趁着鸟儿一惊，去看它起飞、回翔、并翅、张翼的种种姿势，作为他写生的资料。画昆虫之类，他也一定要捉了活的螳螂、蟋蟀、蜜蜂……来看，而且看得很仔细，一毫一发，从不马虎。记得有一次我们许多人去游香山，我们只是游山玩景而已，而王先生却不然，他每到一处，不论近览远眺，山水草木，都要凝神流连，有时捉住一只螳螂或是蝈蝈，在一旁反复端详。这种对生活现象的仔细观察，不断通过生活的观察，来积累创作素材，我想是值得戏曲演员参考的。记得有些演孙悟空的演员，他们就曾观察了猴子的生活，运用到《闹天宫》《闹龙宫》这些戏里。当然，有些演员过分在追求孙悟空像猴，这样只注意生活的逼真，而不根据生活素材加以提炼、夸张、再创造，显然是错误的，也是与戏曲传统的表现手法不适应的，何况孙悟空是"灵猴"，是神通广大的齐天大圣。湖南常德湘剧的演员丘吉彩同志，就观察了封建时代举人的生活，集中概括地用在《祭头巾》的表演里。盖叫天先生不仅对生物做详细的观察，而且还从佛像甚至青烟里去寻找舞台动作的塑形、舞姿。

在随王梦白先生学画时期，前后我又认识了许多名画家，如陈师曾、金拱北、姚茫父、汪蔼士、陈半丁、齐白石等。从与画家的交往中，使我增加了不少绘画方面的知识。他们有时在我家里聚在一起，几个人合作画一张画，我在一边看，他们一边画一边商量，这种机会确是对我有益。一九二四年，我三十岁生日，我的这几位老师就合作了一张画，送给我作为纪念。这张画是在我家的书房里合画的。第一个下笔的是凌植支先生，他画的一株枇杷，占去了相当大的篇幅，姚茫父先生接着画了蔷薇、樱桃，陈师曾先生画上了竹子、山石，梦白先生就在山石上画了一只八哥。最后，轮到了齐白石先生。这张画基本完成，似乎没有什么添补的必要了，他想了一下，就拿起笔对着那只张开嘴的八哥，画了一只小蜜蜂，大家都喝彩称赞。这只蜜蜂，真有画龙点睛之妙。它使这幅画更显得生气栩栩。画好之后，使这幅画的布局、意境都变化了。白石先生虽然只画上了一只小小的蜜蜂，却对我研究舞台画面的对称很有参考价值。

我学画佛兴趣最浓的时候，老友许伯明要我画一张佛像送他做生日礼。这是一九二一年的秋天，那时我的佛像画得并不太好。一天下午，我把家藏明代以画佛著名的丁南羽的一幅罗汉像作为参考。这张画上画着罗汉倚松，坐在石上，刚画了一半，陈师曾、罗瘿公、姚茫父、金拱北……都来了，我说："诸位来得正好，请来指点指点。"我凝神敛气地画完了这张佛像，几位老师都说我画佛有进步。金拱北说："我要挑一个眼，这张画上的罗汉，应该穿草鞋。"我说："您挑得对，但是罗汉已经画成，无法修改了，那可怎么办？"金先生说："我来替你补上草鞋。"他拿起笔来，在罗汉身后添了一根禅杖，一双草鞋挂在禅杖上，还补了一束经卷。大家都说补得好，金先生画完了还在画上写了几句跋语：

> 畹华画佛，忘却草鞋，余为补之，并添经杖，免得方外诸公饶舌。

许伯明那天也在我家，看我画完就拿走了，裱好后，还请大家题咏一番，师曾先生题曰：

> 挂却草鞋，游行自在。不听筝琶，但听松籁，朽者说偈，诸君莫怪。

茫父先生题了一首五言绝句：

> 芒鞋何处去，踏破只寻常。此心如此脚，本来两光光。

樊山老人的题跋，最有意思，假这张罗汉讽刺当时的议员，他说：

> 今参众两院议郎凡八百，人遂目为罗汉，兰芳此画，西方之罗汉欤？中国之罗汉欤？脑满肠肥，其酒肉和尚欤？面目狞恶，其地狱变相欤？北楼添画草鞋，岂欲促其行欤？耳大如此，作偈者谓其不听筝琶，彼将何以娱情欤？罗汉日如有筝琶可听，即永废议事日程，如促吾行，则二十圆之出席费谁肯牺牲？纵使詈我有民，殴我有兵，我神圣不可侵犯之

罗汉，但觉宠辱不惊，并不觉坐卧不宁。兰芳此画诚所谓画鸡画毛难画鸡内金，画人画面难画不可测度之人心者也。

樊山没有署名，后来罗瘿公在旁边加了两句跋语：

吾为伯明丐樊山翁题此帧，以玩世语多，故不署名，伯明复嘱吾加跋证明之。

樊山题跋里连当时所谓欧洲文明国家的议员，也借题发挥，一起骂了个淋漓尽致，可谓大快人心。事隔三十余年，一九五八年的岁暮，我应外文出版社的邀请，在国会街二十六号为他们演出《宇宙锋》，我知道这个礼堂，当年就是国会议场，当我在台上大骂秦二世的时候，忽然想起议员们曾在这里表演过墨匣横飞、老拳奉敬的丑剧，又想到了我画的这张罗汉和樊山的跋语，真是感慨系之。

有一次，王梦白、金拱北两位谈到作画的风格，王先生对金说："你的画画，好比一个裁缝，三尺三就是三尺三，怎么裁嘛，你就怎么做。"因为金先生对于临摹古人名迹、宋元院本、楼台界画、工细人物，最为擅长，所以王梦白先生这样讲，他又拿自己作譬喻说："我的画画，好像是个铁匠，假如我要打个钉子，要长就长，要短就短，不合适回炉再重来。我是用脑子来画的。"金先生听了，笑着回答他说："画画不能只靠天才，学力也应该并重的，我们几千年来前人留下多少有名的作品，这已经是取之不尽、用之不竭了。你说我是裁缝，不错，就算我是裁缝，可是我做的衣服是称体合身的。"他们这样开门见山的批评，有说有笑，真是有意思。

过一天，陈师曾先生对我讲："拿梦白的天才，拱北的学力，把他们两方面的特长，融合在一起，彼此的成就更有可观了。"陈先生的话，确是说明他对王、金两位是很了解的。绘画艺术与戏曲艺术一样，都共同有一个继承传统、发展创造的问题，既要继承又要发展，既要认真向前人学习，又要大胆进行创造革新。

陈师曾先生的父亲是散原老人，他自己诗、书、画都很高明，我画佛像和仕女，就得过他和姚茫父先生的指点。

师曾先生的北京风俗画是很有名的，他画的都是日常所见的生活情景，如跑旱船、唱话匣子、骡车进香、鼓书、拉骆驼、水果挑、卖切糕、卖绒线、扛肩儿、拉洋车、红白执事、打鼓的、剃头挑……像这些行业的人物，是当时士大夫所不屑为伍的。他在画里面，用警世讽时的笔触，写实的手法，替他们写照。陈先生告诉我，他画这些画的时候，先要同他们接近，听到他们一吆喝，就走出大门去看他们的工具、服装、举止神情，细加揣摩，而后下笔。我很喜欢他的这些画，例如水果挑，卖水果的挑子上插着一根笔直的鸡毛掸子，小贩手拿的烟袋荷包，这些小地方画得都非常细致，凡是老北京看见这一张画，都不觉要会心一笑。这幅画上题着："大个钱，一子俩，当年酸味京曹享，而今一颗值一钱，贫家那获尝新鲜，朱门豪贵金盘里，风味每得街市先，吁嗟乎，风味每得街市先。"一种不平之鸣，跃于纸上。骡车进香的画上则题着："有庙且随喜，不必有所图，看家小女儿，犒以糖葫芦。""不必有所图"一句，正写出了当年逛庙人的心情。最突出的是画里长长的两串糖葫芦和梳着"两把头"的旗装妇人，把当时的风俗情景，描绘得生动逼真。鼓书一幅画着拉的唱的，写出了当年串胡同的街头艺人，为了糊口，不得不在傍晚的时候挟着弦子、大鼓，冒着寒风沿门卖唱的悲惨情境，哪里会有人来同情他们被旧社会埋没、过着困顿的生活呢！陈先生还画了一些描写天桥杂技艺人表演的画，也都是身临其境去观察体验后才下笔的。陈师曾先生对当时社会上的形形色色做了观察，在他的风俗画里反映出来，他的目光是敏锐的，一种愤世嫉俗的心情是流于纸上的。从陈先生的画里，我们也看到观察生活对艺术家的重要作用，任何艺术都不能脱离生活，陈先生的风俗画继承了国画的传统技法，又有强烈的生活气息，而且有他自己的风格。观察生活是艺术工作者重要的习惯，我记得余叔岩就谈过他是怎么观察生活的，他和朋友逛公园，就对来往游人一个个地打量，他能从游人的神情、气质中认出哪是军人，哪是商人，哪是读书人等。

齐白石先生常说他的画得力于徐青藤、石涛、吴昌硕，其实他也还是从生活中去广泛接触真人真境、鸟虫花草以及其他美术作品如雕塑等等，吸取了鲜明形象，尽归腕底。有这样丰富的知识和天才，所以他的作品，疏密繁简，无不合宜，章法奇妙，意在笔先。

我虽然早就认识白石先生，但跟他学画却在一九二〇年的秋天。记得有一天我邀他到家里来闲谈，白石先生一见面就说："听说你近来习画很用功，我看见你画的佛像，比以前进步了。"我说："我是笨人，虽然有许多好老师，还是画不好。我喜欢您的草虫、游鱼、虾米就像活的一样，但比活的更美，今天要请您画给我看，我要学您下笔的方法，我来替您磨墨。"白石先生笑着说："我给你画草虫，你回头唱一段给我听就成了。"

我说："那现成，一会儿我的琴师来了，我准唱。"

这时候，白石先生坐在画案正面的座位上，我坐在他的对面，我手里磨墨，口里和他谈话。等到磨墨已浓，我找出一张旧纸，裁成几开册页，铺在他面前，他眼睛对着白纸沉思了一下，就从笔海内挑出两支画笔，在笔洗里轻轻一涮，蘸上墨，就开始画草虫。他的小虫画得那样细致生动，仿佛蠕蠕地要爬出纸外的样子。但是，他下笔准确的程度是惊人的，速度也是惊人的。他作画还有一点特殊的是惜墨如金，不肯浪费笔墨。那天画了半日，笔洗里的水，始终是清的。我记得另一次看他画一张重彩的花卉，他当时受了吴昌硕的影响，重用西洋红，大红大绿布满了纸上，但画完了，洗子里的水，还是不混浊的。

和我有往还的名画家，在作画的时候，各人有各人的习惯。有几位照例先拿起笔来放在嘴里大嚼一番，接着就在碟里舐颜色，一会儿又在洗子里涮几下，有时还没有下笔，洗子就成五彩染缸了，这就和白石先生的习惯不同。据说，如果不这样，就画不好。我想，这也是有一定的道理的，当他们在嚼了又涮，涮了又嚼的时候，是正在对着白纸聚精会神，想章法，打腹稿。这和演员在出台之前，先试试嗓音，或者活动活动身体的道理是差不多的。

那一天齐老师给我画了几开册页，草虫鱼虾都有，在落笔的时候，还把一些心得和窍门讲给我听，我很得到益处。等到琴师来了，我就唱了一段《刺汤》，齐老师听完了点头说："你把雪艳娘满腔怨愤的心情唱出来了。"

第二天，白石先生寄来两首诗送给我，是用画纸写的，诗是纪事的性质，令人感动。

> 飞尘十丈暗燕京，缀玉轩中气独清。难得善才看作画，殷勤磨就墨三升。

> 西风飓飓袅荒烟，正是京华秋暮天。今日相逢闻此曲，他年君是李龟年。

又一天，在有一处堂会上看见白石先生走进来，没人招待他，我迎上去把他搀到前排坐下，大家看见我招呼一位老头子，衣服又穿得那么朴素，不知是什么来头，都注意着我们，有人问："这是谁？"我故意把嗓子提高一点说："这是名画家齐白石先生，是我的老师。"老先生为这件事又做了一首绝句，题在画上。有朋友抄下来给我看。事隔三十多年，这首诗的句子已经记不清楚了。一九五七年秋，我到兰州演出，邓宝珊先生备了精致的园蔬和特产的瓜果欢迎我们，席间谈起这件事，邓老把这首诗朗诵了一遍，引起我的回忆，更使我难忘和白石先生的友谊。

> 曾见先朝享太平，布衣蔬食动公卿。而今沦落长安市，幸有梅郎识姓名。

白石先生善于对花写生，在我家里见了一些牵牛花名种才开始画的，所以他的题画诗有："百本牵牛花碗大，三年无梦到梅家。"

我绘画的兴致越来越浓，兴之所至，看见什么都想动笔。那时，我正养了许多鸽子，拣好的名种，我打算把它们都写照下来。我开始画了两三幅的时候，有一位老朋友对我提出警告说："你学画的目的，不过是想从绘画里给演剧找些帮助，是你演剧事业之外的一种业余课程，应当有一个限度才对，像你这样终日伏案调朱弄粉，大部分时间都消耗在这上面，是会影响你演戏的进步的。"我听了他说的这一番话，不觉悚然有悟。从此对于绘画，只拿来作为研究戏剧上的一种帮助，或是调剂精神作为消遣，不像以前那样废寝忘食地着迷了。

牢狱鸳鸯

这一段故事是吴先生（震修）先生从前人的笔记里替我找出来的。剧情大意如下：

卫如玉是一个有学问而家道贫寒的书生。郦珊珂是一位擅长文学的闺秀。有一天郦珊珂同她的嫂子去逛庙，路遇卫如玉，一见倾心。因为素不相识，自然并未交谈，仅在她的嫂子面前吐露了一点爱慕的心情。她嫂子的哥哥同卫是同窗好友，所以答应替她做媒。等她的嫂子回家进行此事，不巧的是正赶着卫如玉上京赶考去了。这时有一个纨绔子弟叫吴赖的，央媒求娶郦珊珂。郦老丈没有征求女儿同意，就应允了这门亲事。郦珊珂听见这个消息，明知不是佳偶，可是也无法推翻成议。在旧礼教时代，不知有多少青年男女就断送在这"父母之命，媒妁之言"的八个字上了。

有一个赵裁缝常在郦家做活。他也早就看中了郦小姐的才貌，买通郦家的老妈，打听出她是真心爱慕卫公子，偏偏落到一个专讲吃喝嫖赌的吴赖手里。他心里气不过，就在吴赖成婚的晚上，混进吴家，刺死了吴赖，闯入洞房，吹灭灯火，假冒卫公子想要强奸郦珊珂，没有成功，抢了一根簪子就匆匆逃走了。

郦珊珂被认作了谋死亲夫的凶手。卫如玉也连累入狱。碰到了一位糊涂县官，屈打成招，就把他们二人都问成死罪。郦老丈到巡按杨国辉那里喊冤。杨审问之后，看出他二人的冤屈，就派狱吏设计把他二人唤出，关在一间监房里，狱吏在外偷听他们讲些什么，一一笔录下来，才知道凶手身上有狐臭气，说话是个"结巴"嘴。再从郦的口内，问出裁缝是个"结巴"，马上传来一讯而服。冤狱平反，卫、郦当堂成婚。对这原审的糊涂官，除听候参革外，先罚他一千两银子，作为他二人成亲的费用，全剧至此结束。

旦角戏的剧本，内容方面总离不开这么一套，一对青年男女经过无数惊险的曲折，结果成为夫妇。这种熟套实在腻味极了。为什么从前老打不破这个套子呢？观众的好恶，力量是相当大的。我的观众就常对我说："我们花钱听戏，目的是为找乐子来的。不管这出戏在进行的过程当中，是怎么样的险恶，都不要紧。到了剧终总想看到一个大团圆的结局，把刚才满腹的愤慨不平，都可以发泄出来，回家睡觉，也能安甜。要不然，戏是看得过瘾了，这一肚子的闷气带回家去，是睡不着觉的。花钱买一个不睡觉，这又图什么呢？"这些话也不能说他们一点都没有理由。在当时恐怕大多数的观众都有这样的心理。

在民国四年（1915年）前后，一般观众的心理，还正停留在这个阶段里，要排新戏，又不能跳出这个熟套，的确很难写得出色。只能在曲折的剧情里面，加些比较有意义的材料，或者还可能在侧面起一点警惕作用。这出《牢狱鸳鸯》就是针对当时婚姻太不自由和官场的黑暗而发的。

我在这出戏里扮的郦珊珂，是闺门旦的身份。主要的场子是逛庙，病房，监会。尤其是在狱中跟卫如玉的大段唱念，是全剧的最高潮。姜妙香的卫如玉，描写从前穷读书人的酸气和性格，都很合身份。李敬山的吴赖，活画出一个纨绔子弟的种种恶习来。高四保扮的县官，名叫吴旦，高坐堂上，目空一切，拿老百姓的性命当作儿戏，十足是个瘟官。王凤卿的巡按，精明干练，像个善于断案的老吏。路三宝的嫂子，那更是出色当行了。因为演员的支配适当，演出的成绩，是不能算坏的。

　　有一次在"吉祥"，演到县官把卫如玉屈打成招的时候，高四保口里正念着："你不肯招，也得叫你招了，才好了这场官司！"台底下有一位老者，大概兴奋过了头，实在忍不下去了，就跳上了戏台，指着县官说："卫如玉没有杀人，为什么把他屈打成招！你这狗官，真是丧尽天良，我打死你这王八蛋！"说着真的举起拳头就打。高四保只顾认真做戏，想不到会有人上台来打他的，这一吓就把刚才这种县官架子全吓跑了。他一时也来不及想主意，只好干脆使了一个剧情以外的身段，往桌子底下钻了进去，免得吃眼前亏。按说这位老者是同情卫如玉的，或者姜六爷可以劝止得住他，可是姜六爷想了想，不对！我是跪在公案桌下的一个犯人，不能站起来跟他说话，让台下看了，怎么这一眨眼的工夫，官儿不见了，犯人也不跪了，自动地站起来还要劝人。这不更乱成一团糟了吗？幸亏后台管事赶快出来拦住老头儿，向他婉转解释说："这是做戏，不是真事，您别生气。请回到您的座儿上，往下看。您就知道卫如玉是死不了的，您放心吧。"一边说一边就扶他下台。这老头儿一路走着还使着很大的嗓门儿，不住嘴地大骂狗官混账，冤屈好人，可恶极了，我非揍他不可。等他走了，高四保这才慢慢打桌子底下钻出来，坐好了，再接演下去。可是刚才那种擅作威福、盛气凌人的样子，再做就没有劲了。

唱完了戏，高四保对我说："敢情坏人真是做不得。戏里扮的是假的，还要挨揍，如果真照这种样子做官，他那一县的老百姓，不定要恨得怎么样呢！"我半开玩笑地安慰他："这也可以证明您演得太像了。台下才动真火的。"我自从领略了那次演出的效果，更认识了戏剧感动人的力量，实在太大。那天还有那些没上台的观众，他们的满腹愤慨，恐怕也未必跟这位老者两样吧。

我在上海跟花脸冯志奎同班。他演《逍遥津》的曹操，《逼宫》一场，台下也动了真气。橘子、香蕉皮都往他的身上扔。扮这类反派角色，台下有这种表示，就跟叫好一样。倘若演技不够生动和逼真，是不会有这种效果的。

上面一段是我在北京演《牢狱鸳鸯》时高四保挨打的笑话。后来我到天津，也演过一次《牢狱鸳鸯》，我跟姜六爷两个人又唱出一个不大不小的乱子来了。

有一位久居天津的同行薛凤池，是唱武生的，武把子相当勇猛，曾拜尚和玉为师。他来约我跟凤二爷，去天津"下天仙"（是天津很老的戏馆子，地点就在"三不管"附近）唱几天戏。说明是帮帮他的忙的。我们答应了下来，到了天津，我是住在乐利旅馆，姜六爷是住在德义楼。这两处离着戏馆都不很远，连戏馆带旅馆，全在当年"日本租界"范围以内的。

三天打炮戏唱完，生意很好，大家都很高兴。我接受馆子的要求，跟着就贴《牢狱鸳鸯》。这出新戏我在天津还是初演，观众都来赶这个新鲜，台下挤得满满的，只差不能加座了。检票员发现几个没有买票的观众，硬要听戏。前台经理孙三说："我们今儿正上座，位子还嫌不够。哪能让人听蹭。"三言两语地冲突起来。那班听蹭的朋友，临走对孙三说："好，咱们走着瞧！"孙三仗着他在天津地面上人熟，听了也不理会他们。

演完《牢狱鸳鸯》的第二天，我唱大轴，贴的《玉堂春》。凤二爷因为要赶扮《玉堂春》的蓝袍，只能把他的戏码《战樊城》排在倒第三，中间隔着一出小武戏，好让他从容改装。

我们都在乐利旅馆吃完晚饭，凤二爷的戏码在前，先走了。我又休息了好一会儿，才上馆子的。由聋子（包宋顺）跟着我走出旅馆，坐上戏馆给我预备的马车。才走过了几家门面，有一个巡捕过来拦住我的车子，硬说赶车的违犯了警章。车夫不服向他分辩几句，他不由分说先给了车夫一个嘴巴。我看见他们起了冲突，打完车夫还不肯放走，我也不明白为了什么事情，只能开了车门，对巡捕很客气地说明："我是梅兰芳，我在'下天仙'有戏，误了场子，台下要起哄的，请您通融一下，等我们到了馆子，就让他到局子里去。"他听完了，冲我瞪了一眼，说："不行，我们公事公办。"说完就把车门砰的一声关上了。车子跟着他走，转一个弯，不多几步路，就到了一所洋房的门前停住。里边又走出一个巡捕，替我开车门，监视着我们下了马车。聋子背着行头包裹，跟在我的后面。我对门外挂的一块牌子看了一眼，上写"大日本帝国警察署"八个大字。这块长方形黄底黑字的牌子，深深地印入了我的脑海，到今天我还是可以照样把它画出来的。这个巡捕一直带我们走到一间屋子的门口，他一只手开门，一只手推我们进去。我抢着问他，凭什么要把我们坐车的关起来呢？他一句话也不说，仿佛没有听见似的，只顾他顺手把门关上。我很清晰地听到他在外面加上锁了。聋子过去使劲转门上的把手，我对他摇摇手；又做了一个手势，叫他坐在我的旁边。我知道不是转开了这扇门，就能让你走出大门的。可是我也没有方法告诉他，因为跟他说话，要提高了调门，外面的人不全都听见了吗？

这屋里的陈设，真够简单的了。靠墙摆的是两张长板凳，有一个犄角上放着一张黑的小长方桌子，桌上搁着一把茶壶，一个茶杯，中间有一盏光头很小的电灯，高高地挂在这么一间空空洞洞的屋子里面，更显出惨淡阴森的气象了。

我对这一个意外的遭遇，一点都不觉得可怕。刚才的巡捕硬说车夫犯规，即便真的违背警章，也没有听说坐在车里的人要被扣押的。他们今天的举动，不用说，准是事先有计划的。这块租界地里边的黑暗，我也早有所闻。不过我们打北京来表演，短短几天，不会跟他们发生什么误会的。大概是当地馆子跟警察署有了摩擦，把我扣住的用意，无非是不让我出台，馆子就有了麻烦。我大不了今天晚上在这间屋里枯坐一宵，明天准能出去。也说不定等馆子散了戏，他们就会把我放走的。可是我心里老放不下的，是这满园子的观众，都将"乘兴而来，败兴而归"。他们决不会想到，我是被警察署扣住不放的。以为我无故告假，对业务上太不负责，这倒的确是我当时在屋里又着急、又难受的一个主要的原因。我不断地看着我手上的表，五分钟五分钟地走过去，计算凤二爷的《战樊城》最早该唱完了，接着那出小武戏，时间也不能拖得太长久的，底下就该轮到我的《玉堂春》了。馆子方面还是垫戏呢？还是请凤二爷另唱一出呢？改了戏台下又是什么情绪呢？我更想到既然巡捕成心跟馆子为难，说不定借着我不出台的理由，就在台下一起哄，把馆子砸了，这一来秩序必定一阵大乱，观众里边就许有遭殃的。他们为看我的戏来的，受了伤回去，这还像话吗？我多少也应该负点责任。这许多的问题，在我脑子里转来转去，啊呀，我实在不敢再往下想了。

我正在胡思乱想的时候，忽然打对面传过来有人在喊"冤枉"的声音。离我这儿并不太近，喊的嗓门很尖锐，我听着耳熟，有点像姜六爷的嗓音。我马上走近窗口，侧着耳朵，再留神往外听。果然接着第二声"冤枉"，又从那个方向送过来了。这次的调门更高，我已经百分之百地敢断定是姜六爷喊的。他也被巡捕拉了进来，这更可以证明我刚才揣测他们的把戏，大概是八九不离十的了。

约摸又过了半点钟，房门开了，第一个走进来的就是薛凤池，见面先拉着我的手说："真对不住您，让您受委屈，我们正着急您怎么不上馆子，问栈房又说出来了，万想不到您会在这儿。"我忙着问他："场上现在怎么样了？"他说："正垫着戏呢。"我们边说边走出来，薛凤池又给我介绍他旁边的一位小矮个子说："幸亏这位王先生通知我。他虽然是在这儿办事，先也不知道这件事。听见姜老爷喊冤的声音，才晓得您二位全在这儿，就打电话叫我来办好手续，领您二位出去。"说着走到大门口，姜六爷也来了。我们在等套车的工夫，还听见两个巡捕冲着我们说："好，算你们有路子。"大家尽惦记场上的脱节要紧，谁也不理他们，跳上马车飞似的到了馆子。

我们走进后台，看见有一位当地班底的小生已经扮好王金龙了。我们也没有工夫说话，坐下就赶着扮戏。一会儿后台经理赵广顺进来跟我们商量，说："场上的《瞎子逛灯》，垫得时间太久，台下不答应了。我看先让我们班底小生扮好的王金龙出去，对付唱头场。等您二位扮得，王金龙升堂进场，再换姜六爷上去。您二位看这办法行不行？"我们说："好，就照这么办。"

那天头里那位王金龙，也真难为他的。出场先打引子，念定场诗，报完名以后，现加上好些台词。起先胡扯，还说的是王金龙过去的事情。后来实在没有词了，简直是胡说八道，台下也莫名其妙，听不懂他说的什么，急得给我操琴的茹先生坐在九龙口直发愣。

旦角扮戏，照例要比小生慢得多。那天晚上我可真是特别加快，洗脸、拍粉、上胭脂、贴片子样样都草草了事，就不能再细细找补。我对赶场扮戏，还算有点经验，像这样的"赶落"，我一生也没有经历过几回的。

我扮得差不离了，检场的给上那位受罪的王金龙先送个信，红袍蓝袍出去过一个场，王金龙这才"升堂"进场，换出了刚刚喊过冤枉的这位按院大人。

我在帘内念完一声"苦呀"，我听到台下一阵骚动。这也难怪他们，今儿的苏三是"千呼万唤始出来"，怎么不叫人等得心急呢。他们万想不到我跟姜六爷已经唱过一出《牢狱鸳莺》来的。

我今天遭遇到这种麻烦，又是这样赶落，按说嗓子应该坏了。不然，相反的还是真听使唤，这也是出我意料之外的一件事。摇板唱完了，我就觉得嗓子痛快，跪下念的大段道白，台下静到一点声音都没有。我想刚才是我误场，已经让他们等久了。现在他们又全神贯注在听，我得沉住气，好好地唱这一出《玉堂春》。也真奇怪，所有倒板、慢板、二六、流水，这里面的高腔矮调，哪一句都能得心应手，圆转如意。唱到"玉堂春好似花中蕊"的"蕊"字，我真冒上了。最末一句"我看他把我怎样施行"的"他"字，本来有两种唱法，我使的是翻高唱的一种。在台下满堂彩声，热烈气氛当中，总算把这一个难关安然渡过去了。要论嗓子痛快，唱得自然，这一次也是值得记录的。

姜六爷卸完妆把他出事的经过告诉了我，他说：

"我带了靳伙计从'德义楼'出来，叫了两辆洋车，我的车在先，他的车在后跟着。拉了没有几步，我的车好好地打一个巡捕跟前经过，让巡捕一把抓住车杠，硬说碰了他的鼻子。拉洋车的说：'我离着您老远的，怎么能碰着您的鼻子呢？'这巡捕举起那只手就给他一个嘴巴。那地方的路灯根本不亮，巡捕指着鼻子说：'你瞧，这不是让你碰坏了吗？不用废话，跟我到局子里去。'这时候靳伙计的洋车，也有一个巡捕过来拉住不放。我瞧见他们争吵起来，先替拉洋车的说了许多好话，巡捕仿佛没有听见。我正要另雇洋车，不行，敢情我也得跟着去。我想这可麻烦了，要是耽误工夫太大，不就要误场吗？我只好央告他，我说我有一个朋友就住在后面那条街，让我把行头包裹搁下再去。这两个巡捕一句话也不说，抓住车杠拉着走到警察署，把我跟靳伙计，带到一个地方，那可比您的阔得多了，不是什么屋子，简直就是收押犯人的铁笼子，总算他给我们面子，没有放进笼子里边，把我们关在笼子外面的一条走廊上，也有铁的栅栏门的。我问他：'我们犯的哪条法律，要把我们关进来呢？'他压根儿也不理你，锁上铁门就扬长而去。过了不多一会儿，听见门外有'嗒嗒嗒'的马蹄声音。我们那个靳伙计机灵，他说：'您听，这马蹄的声音，好像是梅大爷坐的马车。'我对他说：'我们来得就莫名其妙，梅大爷要是也进来的话，今儿这台戏可够热闹的了。'说完了，靳伙计正抓着铁门往外瞧，忽然又嚷着说：'您瞧，糟了，这不是梅大爷吗，后面还跟着他的跟包聋子，背着个行头包走过去了。'所以靳伙计看见您，我没有瞧见。

　　"我想他们把我们关着老不管，这算是哪一出呢？拉洋车的碰了人，坐洋车的要坐牢，这是哪一个不讲理的国家定出来的法律？我越想越气，我要发泄我这一肚子的闷气，我就高声喊冤。第一声叫完了，没有什么动静，我索性把调门提高，再喊一声。这一次，有点意思了。居然有一个人出来望了一下，瞧他脸上仿佛很惊奇的样子。这就是刚才站在薛凤池旁边的那位小矮个子，敢情他跟薛凤池是朋友，由他打电话通知薛凤池，才把我们领出来的。您真沉得住气，我实在佩服极了。"我对姜六爷说：

　　"这不是我沉得住气，我猜出他们是跟馆子为难，要把我们扣住，是不让我们上台。我想已然来了，叫破嗓子也没有用的。凡事看得不可以太穿，结果还是您的办法对。要不是您喊这两声冤枉，我们现在还在里边，这漏子可就捅得大发了。你没有瞧见刚才挨着戏台两边的包厢里面，那些观众的脸上，都是横眉竖眼，不怀好心。他们来意不善，是一望而知的。今天我们要不出台，馆子方面不定闯出什么乱子来呢。"

我跟姜六爷正说着话，薛凤池同了前后台经理孙三和赵广顺都来安慰我们了。

"今天这件事，是我闯的祸，"孙三说，"昨儿晚上有几个听蹭的，让我哄了出去。谁知道这里面有两个是警察署的'白帽'，穿了便衣，我不认识他们，才发生这个误会的。刚才楼上有不少穿便衣的'白帽'，带了朋友来买票听戏。他们在'日本租界'的戏馆子花钱听戏，恐怕还是第一次呢。据说还带了小家伙，只要您不出台，他们就预备动手砸园子了。幸亏那位王先生的信送得早，您还赶上唱这出《玉堂春》。再晚来一步，就许已经出事了。"

"园子是没有出事，梅老板可受了委屈了，白白地让他们关了两个多钟头，"薛凤池接着说，"我们是代表前后台来给您道歉的。"

"过去的事也不用再提了，"我说，"我倒要请问你们，这'白帽'在警察署到底是管什么的？他有多大的权力，可以把一个不犯法的人随便抓来扣押的吗？""您要谈到'白帽'，真是令人可恨！"薛凤池很愤慨地说，"他们是警察署的稽查，阶级比巡捕高得多。什么事情都管，这里面自然日本人占多数，可也有中国人干的。因为他们戴的制服帽子中间有一道白圈，所以背后人都管他们叫'白帽'。那些中国人当了'白帽'，自己先就认为是无上的荣耀，仗着他有日本鬼子的势力，就横行霸道，无恶不作。开铺子的买卖人见他怕，不用说了，就连租界区的中国人住宅里面，他们高兴，随便进去，借端勒索。你要是不敷衍他们，马上就跟你为难作对，真是受尽他们的怨气。您是不常住在此地，如果您跟住这儿的朋友打听一下，只要提起'白帽'二字，没有不谈虎色变的。"我听完薛风池的话，实在难受极了。同是中国人，为什么要借日本人的势力来压迫自己的同胞呢？这种做法只是可耻，又有什么光荣呢？

我从天津唱完戏回到北京，熟朋友有知道这件事的都来问我。这里面有一位张謦子先生，听完了也告诉我一桩惊心动魄的故事。他说：

"你这次是受了一点委屈。我在天津亲身遭遇到的，要比你危险得多了。那时我还在天津新学书院念书。有一天经过海光寺日本兵营的门口，看见地下画了一个半圆形的圈子，面积占得相当宽阔，旁边没有用文字说明这圈子的作用。我也一时大意，打这圈子穿过去，让门口站的一个日本兵看见了。这还了得，他就跟野兽似的怪叫一声，把他拿的那支上好了雪亮刺刀的步枪，横着端在手里，朝我面前冲过来。我看情势不妙，拔腿就跑。他在后面还紧追了几步，我一口气跑得老远的才敢停住脚。正巧路旁有一位本地的老先生冷眼旁观，把这一幕惊险的镜头，看得清清楚楚。他拍着我的肩膀说：'小朋友，恭喜你。你这条命算是捡着的。我告诉你，是个中国人走进他的圈子，就给你一刺刀，刺死了好在不用偿命，所以死在他们的刺刀上的，已经有过好几个人了。这不是好玩儿的地方，你没有事还是少来吧！'我听他这么一说，想起刚才的情形，再回头看这日本兵，还露出那副狰狞可怕的面目，狠狠地望着我咧。我顿时觉得毛骨悚然，不寒而栗。后来住久了，才知道日本租界有两个最可怕的地方，一个是海光寺兵营的门前，一个就是警察署里边。"

这段故事是三十几年前张先生亲口说给我听的。现在回想起来，很可以看出日本人从庚子年来到中国驻军以后，处处想显出他们的优越地位，不论大小机会，一贯地总要造成了借口，用恐怖的手段来威吓我们，好达到侵略的目的。这班狐假虎威的"白帽"，是看惯了他们的主子，经常在表演如同海光寺兵营门口的那种野蛮行为，才灭尽自己的天良，甘心去做人家的爪牙的。

上海演出时的 "炸弹风波"

一九二〇年那次我到上海演《天女散花》很能叫座，到了一九二二年的初夏，许少卿又约我和杨小楼先生同到上海在天蟾舞台演出。我出的戏码很多，老戏、古装戏、昆曲都有，而《天女散花》还是一再翻头重演的主要剧目。那一次许少卿在北京约的好角很多，各行角色是从各班选择出来的。老生有王凤卿、张春彦、德仁趾，花脸有郝寿臣、许德义、李寿山、刘砚亭，丑角有王长林、傅小山、马富禄，旦角有小翠花、姚玉芙，小生有姜妙香，武生有迟月亭……天蟾的班底还有南方名武生李春来……阵容整齐，剧目丰富，上座异常踊跃。许少卿抓住上海观众的心理，大发其财。上海滩投靠外国人的流氓头子看红了眼，在一次演《天女散花》的时候放了炸弹，虽然是一场虚惊，但从此上海戏馆事业的经营就完全到了有特殊背景的人的手里，成为独占性质。正和茅盾先生的名著《子夜》里面描写的上海纱厂以大吞小，以强凌弱的时代背景相似。现在，我借着叙说《天女散花》的时候，把当时北京演员在上海租界所处的环境谈一谈。

我们是农历四月底到上海，从五月初三演起，一起演到闰五月十六日止，当中还到南通更俗剧场演了三天。

我和杨小楼先生的戏码是轮流压大轴，农历五月十五日我大轴演《天女散花》，倒第二是杨小楼的《连环套》，倒第三是王凤卿的《取成都》，倒第四是小翠花（于连泉）的《马上缘》。这天的戏码很硬，都是最受上海观众欢迎的戏，又碰到是礼拜六，像天蟾舞台那么大的场子，楼上楼下客满，还加了许多凳子。

我的《天女散花》演到第二场，把"悟妙道好一似春梦乍醒……"四句二黄慢板唱完，念罢了诗，刚刚念了一句"吾乃天女是也"，只听得楼上"轰隆"一声巨响，全场立刻起了一阵骚动，楼下的观众不知道楼上发生了什么事情，也都跟着惊慌起来。我抬头一看，三层楼上烟雾腾腾，楼上楼下秩序大乱。就在这一刹那间，站在我身旁的八个仙女，已经逃进后台；场面上的人，也一个个地溜了，台上就剩下我一个人。

我正在盘算怎么办，许少卿从后台走上台口，举着两只手说："请大家坐下，不要惊慌，是隔壁永安公司的一个锅炉炸了，请各位照常安心听戏吧！不相干的。"在这一阵大乱的时间里，观众就有不少丢东西的。这时候有些观众站起来预备要走，有些人已经挤到门口，现在听许少卿这么一说，互相口传，果然又都陆续退了回来，坐到原处。

我趁许少卿说话的时候，就走进了后台。一会儿工夫许少卿回到后台对管事的说："赶快开戏。"招呼着场面的人各归原位。

在这里还有一个插曲。这出戏前面的西皮、二黄是由茹莱卿拉胡琴，后面散花时的两支昆曲由陈嘉梁吹笛子。他们曾经因为在艺术上有些不同的意见，发生了误会，因此几个月以来，彼此一直就不交谈。陈嘉梁是我的长亲，教我昆曲，还给我吹笛子；茹莱卿是给我拉胡琴兼着教我练武功打把子。他们两位不能融洽使我非常不安，我一直就想给他们调解，总没有适当机会。这一天三层楼上发生了响声之后，场面的人，都乱纷纷走进了后台，陈先生下去的时候，绊了一下，茹先生立刻扶了他一把说："小心摔着，甭忙。"陈先生说："我心里吓得实在慌了，咱们一块儿走。"从此他们就破除了成见，言归于好。从这件事可以看出我们戏曲界的前辈尽管平日在艺术上各有主张，并且互不服输，但一旦遇到患难的时候，不是乘人之危，袖手旁观，而能够消除意气，发挥团结互助的精神，这种传统美德，非常难能可贵，是值得后辈学习的。

经过这样一乱，耽误了不少时间，大家商量，就由姜六哥扮的伽蓝过场。本来是应当天女念完道白，伽蓝上来宣布佛旨，可是没等他登场就发生了这件事，如果现在要找补这场，再从慢板唱起，算了算时间也不许可，所以只好由伽蓝过场。我趁这个时候紧着改装，预备《云路》再上。

这件事虽然由许少卿善于应付，压了下去，没有开闸，可是在继续工作的时候，前后台的人都怀着一种沉重的心情，没有平常那么自然轻松了。等这场戏唱完，我正在卸妆，许少卿走到扮戏房间里，向我道乏压惊，一见面头一句就说："梅老板，我真佩服你，胆子大，真镇静，台上的人都跑光了，你一个人纹丝不动坐在当中，这一下帮了我的大忙了。因为观众看你还在台上，想必没有什么重大事情。所以我上去三言两语，用了一点噱头，大家就相信了。"我问他："究竟怎么回事，我在台上，的确看见三层楼上在冒烟。"许少卿沉吟了一下，说道："有两个小瘪三捣乱，香烟罐里摆上硫黄，不过是吓吓人的，做不出什么大事来的。"说到这里，朝我使了一个眼神，接着他小声对我说："回头咱们到家再细谈。"我听他话里有话，不便往下细问，草草洗完了脸，就走出后台，看见汽车两旁，多了两个印度巡捕，手里拿着手枪。我坐到车里就问许少卿派来的保镖老周："怎么今天多了两个印度巡捕？"他说："是许老板临时请来的。"

那一次我们仍旧住在许少卿家里望平街平安里。回来之后，因为这一天散戏比往常晚，肚子觉得有点饿了，就准备吃点心。凤二哥听见我回来了，就从楼上走下来问我："听说园子里出了事情啦，是怎么回事啊？"我们正在谈论这桩事，心里纳闷，许少卿也回来了。我正在吃点心，就邀他同吃。他坐在下首，我同凤二哥对面坐着。我们就问他："今天三层楼这出戏究竟是怎么回事？是跟您为难，还是和我们捣蛋呢？"

许少卿说："这完全是冲我来的，和你们不相干。总而言之，就是这次生意太好了，外面有人看着眼红，才会发生这种事情。我们这碗饭真不好吃呀！"

我们听他说的话里有因，就追问他："那么您事先听到什么没有？"他说："有的。十天以前，我接到一封敲竹杠的信，大意说：'您这次邀到京角，这样好的生意，是发了财啦，请帮帮忙。'我为了应付上海滩这种流氓，省得有麻烦，就送了他们一笔钱。大概是没有满足他们的欲望，后来又接到一封信，语气比头一封更严重了一点，要求的数目也太大，哪里应付得起？只有置之不理了，所以才发生今天这件事。看起来，我们开戏馆的这碗饭是越来越难吃了，没有特殊势力的背景的人物来保镖，简直是干不下去了。"

我就问许少卿："您是做生意的，在光天化日之下，他们竟敢这样无法无天，您为什么不报告巡捕房，惩办这些扰乱秩序的东西呢？"许少卿朝我们苦笑着说："梅老板，您哪里知道上海滩的租界里是暗无天日的。英租界、法租界各有各的治外法权。这班亡命之徒，就利用这种特殊情况，哄吓诈骗，绑架勒索，无所不为。什么奸盗邪淫的事，都出在这里。有的在英租界闯了祸，就往法租界一逃，英租界的巡捕房要是越境捕人，是要经过法捕房的许可会同去捉的，何况这班人都有背景，有人主使，包庇他们呢！往往闯的祸太大了，在近在咫尺的租界上实在不能隐蔽的时候，就往内地一走避风头，等过了三月五月、一年半载再回来，那时事过境迁也就算拉倒了。如同在内地犯了法的人躲进租界里来是一样的道理。再说到租界里的巡捕房，根本就是一个黑暗的衙门，在外国人的势力范围之内，这班坏蛋就仗着外国人的牌头狼狈为奸，才敢这样横行不法。我到哪里去告状，非但不会发生效力，骨子里头结的冤仇更深，你想我的身家性命都在上海，天长日久，随时随地，可以被他们暗算。所以想来想去，只有忍气吞声，掉了牙往肚里咽，不得不抱着息事宁人的宗旨，图个火烧眉毛且顾眼下。"

我听他讲到这里，非常纳闷，像许少卿在上海滩也算有头有脸兜得转的人物，想不到强中更有强中手，他竟这样畏首畏尾，一点都不敢抵抗，真是令人可气。当时我就用话激他说："许老板，您这样怕事，我们还有几天戏没有唱完，看来我们的安全是一无保障的了！"他听了这话，立刻掉转话锋说："梅老板，您不要着急。从明天起我前后台派人特别警戒，小心防范就是了。谅他们也不会再来捣乱了，您放心吧。"我看他愁容满面，也不便再讲什么，就朝他笑着说："但愿如此。"

许少卿走出房门，凤卿向我摇摇头说："这个地方可了不得，只要挨着一个外国人，就能够张牙舞爪，明枪暗箭地胡来一气。我们在此地人地生疏，两眼漆黑，究竟他们'鸡斗鹅斗'、'鹬蚌相争'，葫芦里卖的什么药，实在闹不清。趁早唱完了回家。戏词儿里有副对子：'一脚踢开生死路，翻身跳出是非门。'用在这里倒恰当得很。"凤二哥这几句话，真可以代表我们全体从北边来的一班人的心理。

第二天是星期日，日夜有戏，夜场还是《散花》。我到后台看见门禁森严，许多带着手枪的包打听、巡捕站在那里警卫着，面生一点的人，走进后台都要盘问一番。第三天，五月十七日的夜场，我和杨先生合演《别姬》。我正在楼上化妆，听见下面轰的一声，跟着一片人声嘈杂，好像是出了事。我心想，不要又是那话儿吧。一会儿，我的跟包的慌慌张张走上楼来说："后门外面有人扔了一个炸弹，这一次是用'文旦'（柚子）壳里面装着硫黄，放起来一阵烟，比前回更厉害。有一个唱小花脸的田玉成，左腿上伤了一点，抹点药，照常可以上台。咱们可得特别留神哪！"他一边给我刮片子，一边对我说："下面杨老板扮戏的屋子离后门很近，放炸弹的时候，他手里正拿着笔在勾霸王的

084

脸，'轰'的一声响，把他从椅子上震了起来，手里的笔也出手了。现在楼下的人，一个个心惊肉跳，面带惊恐，好像大祸临头的样子。"我对他说："这是因为在园子里有了戒备，他们进不来了，所以只好到门外来放，这种吓唬人的玩艺儿，你们不用害怕。"

给我化妆的韩师傅笑着说："这地方真是强盗世界，究竟谁跟谁过不去，谁的势力大也闹不清，咱们夹在里面，要是吃了亏，还真是没地方说理去，"我说："为来为去都为的是'钱'。你们瞧吧，结果是大鱼吃小鱼，小鱼吃虾米。这个地方就是不讲理的地方。咱们可也别害怕，这儿是讲究软的欺侮硬的怕，捡好吃的吃。好在没有几天咱们就要走了，大家好歹当点心就得了。"

那一晚的《别姬》，我同杨先生唱得还是很饱满，没有让观众看出演员有受过惊吓的神气。

唱完《别姬》，杨先生对我说："这个地方太坏，简直是流氓、混混的天下。我这一次是够了，下次再也不来了。"我说："杨大叔，您在戏里扮的是英雄好汉，怎么气馁起来了。不要'长他人志气，灭自己的威风'呀。您别忙，我看这班东西总有一天要倒下去的，等着瞧吧！"

这件事差不多三十多年了，追忆起来，历历如在目前。可惜杨大叔已经故去多年，要是现在还活着，他再到上海去看看今天新时代的光明、繁荣、安全、幸福的生活情况，他不知道要多么高兴呢！

许少卿那一次钱虽然赚得不少，气也受足了，罪也受够了，同时赌运不佳，在几次大场面的赌局里面，把戏馆里赢来的钱，输了个一干二净，还闹了一笔数目不小的亏空，天蟾舞台账房里坐满债主，他只有起来请一位朋友代他搪账。从此许少卿就结束了他的开戏院邀京角的生活，最后在上海穷困潦倒而死。

自从许少卿退出剧场以后，邀京角的特权就到了另一批有特殊势力人的手里。从此戏馆里就风平浪静，听不见像《散花》时那种巨响，也闻不见火药味儿了。从这里也可以看出那时表面上花团锦簇、轻歌曼舞的十里洋场，好像一片文明气象，骨子里却是藏垢纳污、险恶阴森的魑魅世界。这个冒险家的乐园，投机倒把的市场，一直到一九四九年全国解放，人民当家做主后，才结束了它的黑暗腐朽的生命。

我心目中的杨小楼

　　我心目中的谭鑫培、杨小楼这二位大师，是对我影响最深最大的，虽然我是旦行，他们是生行，可是我从他们二位身上学到的东西最多最重要。他们二位所演的戏，我感觉很难指出哪一点最好，因为他们从来是演某一出戏就给人以完整的精彩的一出戏，一个完整的感染力极强的人物形象。譬如杨先生的《长坂坡》，在那些年当中变更是很大的，可是当时的人看了没有感觉这场怎么改的，哪一点怎么从前没有，哪几句唱为什么不唱，这些感觉通通没有，只觉得更好了。又譬如《安天会》的孙悟空，他是向张淇林先生学的。有一次人民代表载涛先生和我说："我的《安天会》也是跟张先生学的，小楼刚演这出戏时便一手一式和我学的一样，几年之后人家化开了就不样了，譬如头场《醉花阴》'前呼后拥威风好，摆头踏，声名不小，穿一件蟒罗袍，戴一顶金唐帽，玉带围腰……'这几句都是走着的身段。'玉带围腰'，这一句是端着玉带先左后右换脚，向左右两望。小楼在'蟒罗袍'身段完了之后，撩袍的手不撒开，一个大转身，盘腿落在椅子上，来个盘腿坐相，唱完这句又跳下来，唱'寿永享爵禄丰高'，真好看。他这类的变动还不少，可是对于张先生原来的好处一点也没有丢。"我认为杨先生的孙悟空正是这类动作上表现他是神又是猴王。明代大文学家吴承恩笔下创造的孙悟空形象经过若干演员在舞台上积累的经验被他继承发展就更鲜明了。如《安天会》《水帘洞》的孙悟空这种角色在杨先生以后,看得过去的还有几个人,不过距离杨先生的水平那就有天渊之别了。

还有杨先生演《夜奔》的林冲,《五人义》的周文元,《三挡》的秦琼,都比文学作品上的人物更集中更提高,当我们阅读文字上提到这些英雄人物时,自然而然在眼中出现的形象就是杨小楼,而不是别的形象。如果没有看过杨的戏,听我这样说也许误解为杨虽然演武生大概在台上仗着唱念做取胜,武功也许平常。盖叫天和我说过:"我年轻时在上海,当杨老板第一次到上海,我们武行都以为他就是好嗓子好扮相,可是腰腿功夫不见得比我强,要讲'翻',大概比不过我。头一天打泡戏《青石山》,我的大马童,钱先生周仓,他们两人那一场《四边静》曲牌中的'身段',那份好看是我想得到的,惊人的是和九尾狐打的那套,一绕,两绕,三绕踢九尾狐的'抢背'(抢背,在这里是指关平以刀攒绕九尾狐的刀头,然后把九尾狐踢倒。)这一踢的时候,他自己的靠旗都扫着台毯了,就这一下子后台武行全服了。他跟迟三哥(迟月亭)、傅小爷(傅小山)演《水帘洞》闹海那一场,在曲子里的跟斗翻的那份漂亮,落地那份轻,简直像猫似的,我是真服了。后来我们拜了把兄弟,还有俞五哥(俞振庭)。"以盖叫天前后不同的概念正说明了没看过杨小楼,就不容易理解别人所说杨表演艺术的精湛程度。在我的心目中谭鑫培、杨小楼的艺术境界,我自己没有适当的话来说,我借用张彦远历代名画记里面的话，我觉得更恰当些。他说："顾恺之之迹，紧劲联绵，循环超忽，调格逸易，风趋电疾，意存笔先，画尽意在"。谭、杨二位的戏确实到了这个份，我认为谭、杨的表演显示着中国戏曲表演体系，谭鑫培、杨小楼的名字就代表着中国戏曲。

一九二二年的春天，我们"崇林社"排演了《霸王别姬》之后、在吉祥茶园演了些日子，我们"崇林社"应上海的约去演了一个时期。在这一年夏天回北京，我就开始组"承华社"，以后和杨先生虽然不在一个班，但在义务戏，或堂会戏，或出外，还是常有机会合作。除了上面已谈过的合作戏之外，还有一出《摘缨会》是和杨、余三人合作的。这出戏是老生的正戏，余叔岩演楚庄王，杨演唐蛟，我演娘娘，每逢演这出戏，我和杨因为活儿太轻，总在前面每人再加一出，这出《摘缨会》等于三人合作的象征。

杨先生不仅是艺术大师，而且是爱国的志士，在卢沟桥炮声未响之前，北京、天津虽然尚未沦陷，可是冀东二十四县已经是日本军阀所组织的汉奸政权，近在咫尺的通县就是伪冀东政府的所在地，一九三六年的春天，伪冀东长官殷汝耕在通县过生日，举办盛大的堂会，到北京约角，当时我在上海，不在北京，最大的目标当然是杨小楼。当时约角的人以为从北京到通县乘汽车不到一小时，再加上给加倍的包银。约杨老板一定没有问题，谁知竟碰了钉子，约角的人疑心是嫌包银少就向管事的提出要多大价钱都可以，但终于没答应。一九三六年，我回京的那一次，我们见面时曾谈到，我说："您现在不上通州给汉奸唱戏还可以做到，将来北京也变了色怎么办！您不如趁早也往南挪一挪。"杨先生说："很难说躲到哪去好，如果北京也怎么样的话，就不唱了，我这么大岁数，装病也能装个十年八年，还不就混到死了。"一九三七年，日本侵略军占领北京，他从此就不再演出了。一九三八年（戊寅年正月十六日），因病逝世，享年六十一岁，可称一代完人。

登台杂感

　　沉默了八年之后，如今又要登台了。读者诸君也许想象得到：对于一个演戏的人，尤其像我这样年龄的人，八年的空白在生命史上是一宗怎样大的损失，这损失是永远无法补偿的。在过去这一段漫长的岁月中，我心如止水，留上胡子，咬紧牙关，平静而沉闷地生活着。一想到这个问题，我就觉得这战争使我衰老了许多。然而当胜利消息传来的时候，我高兴得再也沉不住气，我忽然觉得我反而年轻了，我的心一直向上飘，浑身充满着活力，不知从哪儿飞来了一种自信，我相信我永远不会老，正如我们长春不老的祖国一样。前两天承几位外籍记者先生光临，在谈语中间起我还想唱几年戏。我不禁脱口而出道："很多年，我还希望能演许多许多年呢。"

　　因为要演戏，近来我充满着活动的情绪。吊嗓子、练身段，每天兴冲冲地忙着。这种心情，使我重温到在科班中初次登台时的旧梦，一方面是害怕，一方面是欢喜。那种兴奋竟是这样地吻合！八年了，长时间的荒废，老是那么憋着，因为怕人听见，连吊吊嗓子的机会都没有。胜利后当我试向空气中送出第一句唱词的时候，那心情的愉快真是无可形容。我还能够唱，四十年的朝夕琢磨还没有完全忘记。可是也有玩意儿生疏了；观众能给我大量的包涵吗？我怎么能够满足观众对我的期望？

然而我知道，这一切大概不成问题。因为我这一次的登台，有一个更大的意义，这就是了为抗战的胜利。在抗战期间，我自己有一个决定：胜利以前我决不唱戏。胜利以后，我又有一个新的决定：必须把第一次登台的义务献给祖国，献给我们的政府。当时我想，假如政府还都的时候，有一个庆祝会，我愿意在举国欢欢腾声中现身舞台。现在我把这点热诚献给上海了，为了庆祝这都市的新生，我同样以无限的愉快去完成我的心愿。

我必须感谢一切关心我的全国人士。这几年来您们对我的鼓励太大了，您们提高了我的自尊心，加强了我对于民族的忠诚。请原谅我的率直，我对于政治问题向来没有什么心得。出于爱国心，我想每一个人都是有的罢？我自然不能例外。假如我在戏剧艺术上还有多少成就。那么这成就应该属于国家的，平时我有权利靠这点技艺来维持生活，来发展我的事业，可是在战时，在跟我们祖国站在敌对地位的场合低下，我没有权利随便丧失民族的尊严，这是我的一个简单的信念。也可以说是一个国民最低限度应有的信念。社会人士对我的奖饰，实在超过了我所可能承受的限度。《自由西报》的记者先生说我"一直实行着个人的抗战"，使我感激而且惭愧。

光荣属于我们贤明领袖，和艰苦卓绝的全国军民，只有他们，才配接受我们最大的敬礼。在这双重的国庆节，请让我以一片鼓舞欢忻，献上我对于民族的微末的忠忱。

1945年10月10日《文汇报》第二版

中国京剧的表演艺术

　　京剧并不是在北京土生土长的戏曲，它的主流是由安徽、湖北几种地方戏，到北京来演出受到观众的欢迎，有了基础，站住了脚，同时吸收了昆曲、高腔、梆子等剧种的精华，然后发展成长起来的。它是一种比较突出的综合性的戏曲艺术。它不仅是一般地综合了音乐、舞蹈、美术、文学等因素的戏剧形式，而且是把歌唱、舞蹈、诗文、念白、武打、音乐伴奏以及人物造型（如扮相、穿着等）、砌末道具等紧密地、巧妙地综合在一起的特殊的戏剧形式。这种综合性的特点主要是通过演员体现出来的，因而京剧舞台艺术中以演员为中心的特点，更加突出。

　　由于剧中人物的性别、年龄、性格、身份的不同，就产生了所谓角色的分行。京剧的角色过去分得很细，后来简化为生、旦、净、丑四门。每一门还包括各种类型的人物：如生角中又分老生、小生、武生、武老生、红生；武生中又分长靠武生、短打武生等。生、旦是净脸，净、丑则有脸谱。其唱腔、念白、动作和服装、扮相、道具都有严密的组织和特点。京剧的表演艺术，是高度集中、夸张的；它以表演艺术为中心，具有强烈节奏感的唱腔、音乐伴奏，宽大的服装，水袖，长胡子，厚底靴，脸谱以及象征性的马鞭、船桨等道具，彼此都有密切的有机联系，而且是自成体系的。京剧上下场的分场方法和虚拟手法，使演员的表演可以减少时间、空间的限制，这给剧作者、导演和演员以很大便利。他们可以选择最能表现人物和戏剧矛盾的环境，可以用大场子，也可以用小的"过场"，使演员能充分运用歌唱、念白、舞蹈等各种因素创造角色。记得一九三五年我第一次到苏联演出，聂米洛维奇·丹钦科同志对我说："我看了中国戏，感觉到合乎'舞台经济'的原则。"他所指的"舞台经济"是包括全部表演艺术的时间、空间和服装、道具等等在内的。他的话恰好道出中国戏曲——尤其是京剧的特点。

京剧剧本的故事内容过去以表现古代历史生活为主，剧目相当多。有正面描写政治斗争的戏，有表现民间生活的戏；有悲剧，也有喜剧。其中除掉少数是封建统治阶级宣扬宿命、封建法统和迎合低级趣味的剧本，大多数是劳动人民和前辈艺人们所创造的。它们具有爱国主义，歌颂人民劳动、善良、智慧、勇敢等各种优良品质的内容，表现了人民强烈的爱憎，尤其是现实主义与浪漫主义的结合，一向为广大人民所喜见乐闻。新中国成立以来，在"百花齐放、推陈出新"的方针下，京剧也得到灌溉和扶植。

目前随着中国的社会主义革命和建设的深入开展，进一步发展社会主义内客的新戏曲的客观需要和趋势看来越来越明显了。运用京剧形式来表现现代生活，也有了一些新的成就。今后的京剧既能表现历史生活，也可继续进行表现现代生活的尝试。但表现现代生活要进一步运用、继承和发展戏曲艺术的传统形式和技巧。所以我今天主要还是谈京剧的传统艺术。

京剧剧本的结构以往都是分场的。分场的好处是把故事、人物集中，概括地加以描写，排除了烦琐的、不必要的叙述过程，集中表现最主要的东西。上下场的形式又是多种多样的。主要还是由于剧本的不同主题，不同的剧情，不同的人物和不同的环境来决定的。场子与场子间的衔接能同时表现情景和人物，使写情、写景和写人物一致。

京剧剧本的台词是以概括、简练的诗歌，具有音乐节奏、适合朗诵的语言组成的。这种语言的特点也是多样化的。有抒发剧中人思想感情，或介绍剧情、经历的独唱、独白，也有表现人物日常生活中对话式的对白，更有"背供"。（"背供"是表现剧中人在独自思考问题，自言自语地说出心里的话，表现形式往往是抬手举袖，与同台的剧中人表示隔开，他们是互相听不见的。这在外国戏中也有，果戈理《钦差大臣》剧中，有一幕描写市长向假钦差纳贿时，市长说："这笔钱如果他收下了，以后的事就好办了。"这句话就是在假钦差身旁，但又不作为对话说的。这种情形和中国戏的"背供"很相似。）

唱腔和音乐

中国戏曲的歌唱、念白根据单字发音，中国文字是一字一音的，除用鼻音时外，一般听不见字后的子音，如"猫"就念mo，不像英文cat。每个字都有严格的音韵规律，并且都具有音乐性，而唱念的时候，却又是整体结合起来的。比如京剧《捉放曹》中两句唱词，"秋风吹动桂花香，路上行人马蹄忙"。每句虽是七个字，但唱时，则作"秋风——吹动——桂花香"，实际上只分成三节。一般地说，腔不能打破节拍，节也不能把句子打乱。京剧唱词以七字句、十字句最多，尽管有长达十几个字的一句唱词，仍不脱离二——二——三或三——三——四的基本格式。多余的字，等于衬字。念白除"京白"比较接近生活语言一些外，一般韵白都比较整齐，偶数句较多，念起来抑扬顿挫，很有节奏。好的念白也和唱词一样，要精炼集中，套言不叙。李笠翁讲宾白要"意多字少为贵"，是极有经验的见解。传统剧目中往往有一两句震荡人心的句子，足以点清主题，出色地刻画人物。如《狮子楼》，武松向县官控告西门庆，县官不准，反将他杖责，他念到"我兄长的冤仇无日得报了"，士兵忽插入一句白"二爷，那西门庆难道说还胜似那景阳冈的猛虎不成！"这一句话震动了武松，也震动了整个的戏，使武松下定决心去杀西门庆，多么有力量！

京剧的音乐，整个乐队不超过十个人，每个人都须兼掌一种以上的乐器。乐器分管弦乐与打击乐两部分。管弦乐有胡琴、二胡、月琴、弦子、笛、笙、唢呐、海笛，以伴奏歌唱为主，但也有时用来衬托表演动作，如有时剧中人在打击乐声中出场，锣鼓停了，衬上一个胡琴"过门"，表示人物内心在思索一件事，或是看见一件什么事物，然后再继续接上打击乐器。也有时用来代表效果，如马嘶、鸟鸣、鸦叫、儿啼……如《霸王别姬》中乌骓嘶叫，《醉酒》中雁声。有时还合奏一套乐曲，烘托表演动作。如《别姬》舞剑时所伴奏的《夜深沉》，《醉酒》中种种无言动作时所奏的《柳摇金》各种曲牌。管弦乐以胡琴、笛子为主要乐器。

打击乐有板、单皮鼓、堂鼓、大锣、小锣、铙钹、齐钹、撞钟、云锣、擦锅、梆子等。它们主要用来衬托演员的舞蹈动作，包括起止、进退、旋转等，特别是能烘托、渲染武打战斗时的气氛。有时也用来代表效果：如表现时间早晚的更鼓、更锣和风声、雷声、水声，等等。其中以板和单皮鼓、大锣、小锣为主要乐器。

特别要提出来的是板和单皮鼓，它是整个舞台上乐队的指挥。它从开幕到终场，都掌握着管弦乐和打击乐的进行。它一方面要紧密配合演员的动作，指挥乐队伴奏，一方面还要在演员歌唱、念白时作节奏的调节和衬托。

服装和化装

中国的历史悠久，京剧舞台上所表现的故事至少包括有三千年以来的各个朝代，不可能每个戏都按照当时各个时代的服装原来样式来制作，因此从积累的经验中，集中选择了一种戏曲通用的服饰来做艺术的概括性的设计。这种服饰基本是以时代较近的明代服饰为基础，又参酌了唐、宋、元、清四个朝代的服制加以创造和丰富，为了适应表演的要求，不分朝代、地域和季节，只从式样、色彩、图案上来区别剧中人的性别、身份、性格和年龄。下面我简单地举几个例子：

蟒袍——代表统治阶级的礼服。样子是圆领，大襟带水袖，质料用缎子，手工绣花，图案是团龙或虎，下摆绣海水、江涯。皇帝穿正黄色，王爵、太子穿杏黄色，元老穿香色或白色，侯爵穿红色，此外还有蓝色、紫色、绿色、黑色的。服装的基色，除身份、地位，和人物的性格、脸色也有关系：如正直的人常穿红色或绿色。粗鲁的人或奸猾的人，则穿黑色：像《霸王别姬》的项羽，《宇宙锋》的赵高都穿黑蟒。前者表现他的性情粗豪，后者表现他的阴险奸猾。女子穿蟒的，有皇后、公主、将相的夫人等。样式与男蟒相同，图案用飞凤、团凤。但尺寸稍短，只过膝盖，上身加"云肩"，下面系裙。我在《醉酒》扮杨贵妃第一场里就穿红蟒，第二场改穿宫衣。宫衣一般也用缎地绣飞凤，色彩都较复杂，周身缀有五色绣花飘带，用金银线及五色丝线绣成。这种服装特别容易发挥舞蹈的性能。

铠靠——军中最庄严的战斗服装，作战时用之，惟当朝贺及阅兵、凯旋等典礼时，外边须穿蟒，即成为武将的大礼服。有功老将穿黄铠，青年将官穿白铠或粉红铠，粗鲁人穿黑铠。铠靠的样式乃仿照中国古代铠甲制成，缎地绣图案，腹部和两肩多绣虎头。女铠式样与男铠相同，惟下身全缀飘带，图案花样亦较为绚丽。

靠旗——将官身背之令旗。古代军事长官在阵上传令，即用一面令旗，作为凭证，因此在作战时都腰插几面令旗，以备应用。现在剧中将官背上所扎之靠旗，亦即此意，惟每背四面：则已夸张加大成为装饰品了。靠旗系三尖式，缎地绣花，颜色与铠靠相同。《挑滑车》的高宠，《雁荡山》的孟海公均扎男靠。《穆柯寨》中的穆桂英，《抗金兵》的梁红玉均扎女靠。

官衣——中级官员的礼服，式样与蟒相同，但用素色缎制成，胸前缀方形补子，从颜色上区别官级的高低，红最高，蓝次之，黑最低。

玉带——穿蟒或官衣时，腰间围玉带，男女都一样。这是明代以前就流行的服制。制作方法用硬带镶玉若干块，与真的玉带差不多。

帔——常礼服性质的服装，男女都用，式样是大领、对襟带水袖，缎地绣各种图案，如团龙、团鹤、团凤、花鸟……也有素帔，老年人穿香色，或蓝色，中年人穿红色、蓝色，少年人穿红色、粉色。女子的帔，大致相同，惟尺寸稍短小，只过膝而已，《奇双会》的赵宠、桂枝均穿帔。

开氅——武官的常礼服，有时大臣也穿，其颜色的区别与铠靠大致相同。式样是大领、大襟带水袖，缎地绣图案，《将相和》廉颇，《宇宙锋》赵高均穿开氅。

箭衣——轻便的战斗服装，有时皇帝或武将在行军中也穿。式样是小领、大襟、纽绊、窄袖带马蹄袖，有缎地绣花，也有素色。常外加马褂，这和古代所谓"胡服骑射"的服装有渊源关系。

褶子——一般男女的便服，有绣花或素色的区别，大领、大襟带水袖。《秦香莲》中的秦香莲穿素褶，《游园惊梦》的杜丽娘穿花褶，《拾玉镯》的傅朋穿花褶，《金山寺》的许仙则穿素褶子。

斗篷——在军中或行路时御寒用的服装，小领，绕身一围，无袖，男子多用大红素缎，女子则可用各种颜色，上绣图案，如《别姬》中虞姬，《游园惊梦》的杜丽娘所穿。

八卦衣——是道教中的服装，和古代文人所穿的鹤氅也相近。黑缎底上面绣太极图、八卦，周围镶宽边，腰间围有绣带，且有两根绣带下垂。这种衣服是象征着穿的人具有法术，又为诸葛亮专用的服装。诸葛亮是三国时代辅佐蜀主刘备的丞相，他是有名的政治家、战略家，分析事理，有远见，又懂得天文、地理和各种学问，在作战时善用心理战术，因此小说中把他描写成为有道术的人，戏里也把他打扮成为有道术的人，他无论在任何场合都穿八卦衣。以后戏里凡属军师出场，都穿八卦衣。

茶衣和老斗衣——古代劳动人民所穿的衣服，前者是短衣，后者是长衣。样子是大领、大襟带水袖。质料用布质或绸质，不绣花，茶衣一般颜色是蓝色、褐色、米色，腰里系腰包。老斗衣是米黄色，别有一种淳朴、简洁之美。

袄裤——原是清代中叶流行的服装，这种服装很适合花旦这一门角色的表演，就被采用做戏装。立领、大襟、纽襻、秃袖（无水袖露手），颜色图案各种都有区别也不甚严格。式样常常因时代变化，吸收当时社会妇女服装，予以加工。《拾玉镯》中孙玉姣即穿袄裤。

古装——是我编演《嫦娥奔月》《天女散花》《别姬》《太真外传》等新戏时，参考古代绘画、雕塑中适合上述各剧中人的身份和特点来创制的，当时称它做古装，以别于一般通用的戏装。这种古装与其他戏装的区别是，头上的发髻在头顶，不在脑后。上衣较短，略如褡子，有时亦加云肩，有有水袖及无水袖两种，水袖也比普通戏衣较长。裙子系在上衣的外面，有时加飘带。这种古装是为了在舞台上发挥古代歌舞特点设计的。

盔头靴鞋

盔——皇帝、王爵及武官所戴。《将相和》秦王戴平天冠，《宇宙锋》秦二世在《金殿》一场戴王帽，《霸王别姬》韩信戴帅盔。夫子盔系关羽专用。还有中军专用之中军盔，一般战士的倒缨盔……

纱帽——文官的礼帽。文官上朝或庆吊、宴会时所戴，圆形，前矮后高，黑色硬体，两旁有翅。品级最高的是用细长翅（帽形较方），次为长椭圆翅，再次为圆翅，另有是尖圆翅，叫奸纱，象征人物的奸恶。

巾——便帽。上面所说盔、帽都是硬体，巾是软胎。种类甚多，式样亦有不同。如老人巾、文生巾、武生巾、皇帝巾、穷生巾、员外巾、宰相巾……凡是戏中的软帽都叫做巾。

凤冠——女子的大礼冠。皇后、妃、贵族、官员眷属所戴。《醉酒》中杨贵妃即戴凤冠，软顶有翠鸟羽毛扎成的三支凤，满缀珠翠，两旁有大珠德，额前亦有小珠德，这种凤冠与明代真的凤冠的式样大致相同。

雉尾——冠上所插的两根长的翎子，最初用来表示外国的武将，后来因为美观，而且具有一种英武气象，戏中不少将官亦有插用者，如《群英会》中周瑜、《穆柯寨》中穆桂英都戴翎子。

靴——有厚底靴，生、净角色通用，这是结合表演艺术，经过夸张而设计的。有朝靴（较厚底略薄），这种靴与明代官员所穿的相近，但戏里则用来表现丑角扮演的官阶较低的人物，或反面人物。如汤勤、蒋干，门官、驿丞。薄底靴，短打武生所用，便于跳跃翻打，这是满族人带进关来的式样，如《三岔口》中任堂惠等所穿。以上三种靴，均黑缎帮，粉底。厚底靴、薄底靴亦有白地绣花，绿地绣花的。

鞋——式样与目前所用之鞋，较有出入，质料制作要看剧中人的环境而定，系一般小市民及穷苦的读书人、劳动人民（也有穿草鞋的）所穿。《白蛇传》许仙穿云头履，《秋江》的艄翁穿草鞋。女子除武将穿绣花薄底靴，余均穿绣花鞋，鞋头缀丝繐。颜色浓淡根据剧中人的身份、年龄稍有区别。女鞋的丝繐，常能衬托足部舞蹈，显得轻巧生动。

胡须

中国古代人大多喜留长髯，以为美观，戏中的胡子则更予以艺术的夸张，用马尾系在半圆的铁丝上，挂在耳朵边顶住上嘴唇，为的是表演时不致脱落。胡须的颜色约分四种，黑色、苍色、白色、红色，这是区别年龄和性格的。式样甚多，大约有二十几种，现在简单介绍几种：

满髯——地位较高的人或性格较凝重的人所戴；也表示体力雄壮充实，生活优裕。净角大半用之。胡子厚，尺寸亦较长，《将相和》廉颇挂白满，《别姬》项羽挂黑满。

三髯——胡子分为三缕，文官和知识分子戴用，分三色，没有红色，遮口。

吊搭髯——中国人留须，往往将口上之须剪短，下头留长，吊搭是将胡子分成上下两部，多露口，上边短、下边长，迎风荡漾，颇有情趣。丑角扮演知识分子时所用。如蒋干、汤勤所戴。

扎髯——须之中央剪去一绺，露口，耳旁衬上两撮"耳毛子"，构成一个更性格化的形象。戴扎的人，往往属于架子花脸，大半为性情粗豪而风趣的人，如牛皋、张飞、李逵、焦赞……另有红色扎髯，表示粗豪而耿直的好汉，如窦尔墩、孟良、马武、单雄信等人。

八字、二挑髯——这种胡子，比较接近生活，下垂的名"八字"，向上的叫"二挑"。文丑带八字，武丑带二挑，显示一种轻捷的姿态。

关公髯——小说中描写关羽的形象为五绺长髯，故戏箱中专备有这种胡子，为关羽所用，这种胡子一般不用马尾，而用头发做成。

脸谱

脸谱是京戏净、丑面部化装的一种更夸张和具有象征意味的造型艺术，这种化妆方法和净、丑角色的表演形式是分不开的；它和生、旦角色的面部化装，有着明显的区别。角色一出场，脸谱就给观众一个明确的人品概念——正直的，或奸佞的，善良的，或丑恶的，一望而知。它长时期被中国广大观众和国外朋友所熟悉、感受。它充分发挥了戏剧性能，但有时也掺杂着一些隐晦的含义。

脸谱的来源相当早，形成的因素也比较多。它可能起源于面具，如上古的傩舞面具、战争面具、歌舞面具等。北齐兰陵王勇猛善战，但因为面目秀美，作战时敌人不甚畏惧，于是他就制作了一个形象威猛的面具戴上，此后临阵，增加了威势，战无不胜。当时他的部下士兵把他的战绩编成歌谣，在军中普遍流行，名为《兰陵王入阵曲》，以后又发展为《兰陵王破阵舞》，是戴着面具舞蹈的。脸谱可能就是从面具演变而来的。京戏的一些神话戏里，如雷公、魁星、土地、加官等，也都戴面具，还保留着这个遗迹。

我藏有明代、清初一直到最近的脸谱，从这些资料里，可以看出脸谱的发展情况是由简而繁，由粗而细。在勾画方面，据净角老演员说：最初不过画眉，后来加勾眼窝、鼻窝、嘴角，又添勾脸纹，逐渐力求工致，演变到图案化。

颜色，最早只有红、紫、黑、蓝、黄五种，施彩单纯，后来又添出金、银、绿、白、粉红、灰等颜色，颜色有表示剧中人性格和品质的作用，代表人民对历史人物的爱憎。现在举几个例子：

红色脸——大半表现有血性、忠勇耿直的人，如三国戏中关羽、姜维。

紫色脸——是表现有血性而较为沉着的人，如《二进宫》徐延昭、《刺王僚》的专诸。

黑色脸——是表现粗豪有武力的人，如张飞、牛皋、项羽，黑白相间、眉梢眼角，另具有一种妩媚或肃庄的形态。至于《秦香莲》中包拯脸，则因居官严肃正直，不苟言笑，令人望而生畏，故满勾黑色脸表示他的铁面无私。

蓝色脸——此黑色脸更凶猛有心计，且有一种不受羁勒的刚强性格，如窦尔墩、马武等。

黄色脸——代表一种内工心计或勇猛沉着的性格，如《鱼藏剑》的王僚、《战宛城》的典韦。

白色脸——大白粉脸，是表现工于心计，而近于阴险诡诈的性格。粉脸的勾法是，在脸土薄施铅粉，表示惨淡无血性的神气。我听见前辈说：各色脸谱，都是就一个人的本来眉目加以夸张的，而粉脸则形容这个人的虚伪程度已掩盖了他的真面目，如赵尚、司马懿、严嵩、费无极……另外还有一种油白脸，如《空城计》的马谡，《别姬》的项伯等，虽不是阴险的坏人，和大白脸有区别，但也是一种刚愎或动摇的人物。这种脸谱除了施彩以外，最主要的是眉毛、眼睛的勾法，粗细、浓淡要刻画出善恶、忠奸的性格来。总之各种白色脸（**包括净角与丑角两门**）大部分是代表反派人物或被批判的人物。如严嵩的儿子严世蕃勾半白粉脸，因为他的年龄和地位比严嵩差一些，眉毛上仍露出本来肉色。曹操在早期刺董卓时，也画半白粉脸，说明他当时地位不高，而在反董卓起义时，还有被肯定的成分。到后来地位高了，按照《三国演义》的正统观念，他就成了大白粉脸的"奸雄"。

三白粉脸——如《西施》中的太宰伯嚭，脸上的白粉块两旁只画到脸骨以外，这因为伯嚭不但是卖国奸臣，而且为人更卑鄙无耻，轻佻可笑！这种脸谱是属于净角而又含有丑角意味的反面人物。

小花脸——是丑角的脸谱，所勾的白粉块，比三白粉脸范围更小，只在鼻眼间涂一小方块，不得过脸骨，所以名曰"小花脸"。如蒋干、汤勤……这一种人地位低，行为比较猥琐，性格也不是爽朗的。至于有的书童和一般群众，也有在鼻间抹一点白粉的，是表示他的幽默、滑稽的性格，使观众觉得有风趣。

小尖粉脸——是武丑的专用脸谱，如水浒戏中的阮小五、阮小七，《九龙杯》中的杨香武，只在鼻尖上勾画出小枣核形的白块，表示精明干练、机智灵巧。并不代表坏人。（武丑也有画花脸的，如《巴骆和》的胡理，《盗甲》的时迁。）

神话戏中人物多勾脸谱，有种种的鸟形脸、兽形脸和其他一些象征式的，如大鹏雕、孙悟空、金钱豹等。太乙真人脑门画太极图，雷神脑门画雷鼓和金火焰，这都富有图腾的意味。采用符号来显示人物的形貌特征，也是一种艺术夸张手法，不过，其中还应当予以细致的分析，不能毫无区别的一律采用。旧戏里这种脸谱有的也夹有一种宿命味道。如赵匡胤过去的脸谱，眉心画红色跑龙，表示他是帝王之相，这就值得批判。

生角如老生、小生、武生、穷生都是本色脸；根据年龄、品质、性格和地位进行化装，但必须吊起眉毛。

旦角一般是梳大头，贴片子（即鬓角），古代妇女讲究留鬓发，这样在化装上可以根据每个人的面形加以变化。譬如圆脸的贴直一点，就可以使脸形变得长一些；长脸的贴弯一点，就可以使脸形显得圆一些。拿我个人说，在这五十年的舞台生活中，仅化装一门，就有很大的变化，如眼窝、眉毛的画法，彩色的运用，都是逐渐改进的，近年从粉彩改用油彩后，又有更大的变化。我认为化装术是每个演员极其重要的科目，净角和丑角的化装，是一种更专门的技术。需要从脸谱上突出剧中人的性格，为表演艺术提供烘托的条件。

道具

中国戏的一切服装、道具、布景等都是为演员表演艺术服务的，因此舞台上所用的物件、器具总尽量避免用真的实物。式样、质料、轻重、大小、长短都要比生活中的实物有所不同。有的予以夸张、放大（如酒杯、印盒等），有的则予以缩小（如城、轿、车等），甚至以鞭代马，以桨代船。目的都是为了适应演员各种各样的表演动作，为不受时间、空间限制的虚拟环境提供条件，以符合舞台经济的原则。我也简单地谈几个例子：

马鞭——代表一匹马。一根短藤棍，上缀几截丝穗，样式很简单，但当演员挥起马鞭，做出上马、下马、牵马、系马以及种种骑马、跃马的动作时，就使人产生一种人在马上的真实感。因此这许多马上的表演技术都有规定的姿势，如上马多扬鞭，下马则鞭梢向下等。

船桨——样子同真桨一样，尺寸稍小一些，演员用这支船桨，要表现出整只船的部位和活动。如抛锚、解缆以及船行进中的风浪波涛。配合这只船桨，也有许多表演技术，如《打渔杀家》中萧恩和女儿桂英，《秋江》中艄翁和陈妙常都有表演行船的许多舞蹈、动作，使人好像真感觉到人在船上一样。

扇子——有折扇、团扇、羽扇……生、旦、净、丑都使用它，它不仅仅是作为纳凉之用，而是通过扇子来发挥多样舞蹈动作，借以表现人物的思想感情。因此不同人物，使用不同的扇子，做出极丰富的身段来。我在《醉酒》中就通过折扇，来表现杨贵妃醉前、醉后的内心世界。

车旗——用两块四方黄布或黄缎，上画车轮，或绣车轮，代表一辆车子。舞台上男角除诸葛亮等一二人外，很少乘车（诸葛亮是因为历史小说上描写他喜欢坐四轮车，舞台剧就根据这种说法处理的）。女子大半乘车，一人手持两块车旗，乘车者上下车，均有一定的姿势。《别姬》霸王出战时，虞姬随军乘车。《长坂坡》逃难的场面，甘糜二夫人乘车，用两面车旗复在"倒椅"两旁。这是说明她们露宿时睡在车上。

轿——官员上下轿，均系无实物的虚拟动作，在前面的两个侍役虚拟做出掀轿帘的样子，官员作俯身入轿姿势，二侍役作放下轿帘的身段，即乘轿去了。官员必须居中，四人分站两旁，从队形上使人感觉到是长方形的轿子。另有一种用实物代表的轿子，是女子所用的，系用竹竿，缀两片绣花红缎，一人举起，剧中的女子就掀开绣花轿帘走进去，表示深藏不露的意思，常作为花轿之用。

拂尘——古人用麈尾系在木杆上，用来拂拭尘土，文人清谈时也常拿在手中。戏里是用马尾制的，凡隐士、和尚、尼姑、道士、神仙、妖怪出场往往都拿拂尘。丫环亦有用来打扫窗儿。这是重要的舞蹈工具，我所演的《洛神》《尼姑思凡》都用拂尘来美化姿势。

桌子——桌子的用途很广，如饮茶时当茶几，摆上酒杯，便是饭桌，陈列笔砚，变成书案，放上印匣，便是公案，摆出香炉，又是供桌香案，只摆一个香炉，是皇帝临朝的御案。登高、上山、上楼、跳墙……也用桌子来代表实物和环境的。

椅子——凡戏里的各种席位，皆以椅子替代，但有不同的摆法，如皇帝坐朝，官员升堂，以及写字、办公等事，就将椅子摆在桌子后面，这叫内场椅。另外如共同议事，接待宾客，家庭闲谈……就将椅子排列在桌子前面，这都叫外场椅。一人独坐时，大半都按照剧情摆正面或旁边，如表演中有坐土台，石块……就要将椅子放倒（名叫倒椅），说明这是非正常的临时座位，还有监狱门（如《窦娥冤》），窑洞（如《汾河湾》）也有用椅子代表门户的，形容这些地方的低矮狭窄。剧中人过墙、登高、汲水……也有用椅子来分别代表墙、垣、井台等。京戏里向不置备床榻，因其尺寸太大搬动不方便，人躺在上面，也不美观。剧中必须表演睡卧时，就用几张椅子接连一起，铺一斗篷或绣花床毯代表床榻。摆椅子的部位极其重要，因为和演员的表演艺术，以及利用观众的想象力，是有密切关系的。

大帐子——大帐子即绣花幔帐，它不是单纯的幔帐，也和桌子、椅子一样，代表许多环境，例如在《凤还巢》洞房里代表程雪娥的新房，《彩楼配》里代表王宝钏抛球的彩楼，《四郎探母》里代表萧太后的银安殿，《玉堂春》三堂会审里代表王金龙的法庭，《阳平关》里代表曹操的中军帐。另外又有小帐子，比大帐子的尺寸略小，往往用桌子垫高，代表将台，如《挑滑车》中的岳飞、《抗金兵》中的梁红玉，均登高台点将。

兵器——在戏里凡古代作战用的刀、枪、剑、戟、弓箭、藤牌……都是按照真的式样仿做的，尺寸比真的较小，质料不用金属钢铁而用木、藤、竹制成，涂上金银彩色，为的使用时轻便美观，有利于舞蹈。

布景

过去传统剧目里，用"砌末"（即道具）时较多，大半都不用布景，有时在神话戏或时装戏里，偶然一用，但也都避免写实，这因为京剧的虚拟动作和写实的布景，是有一定矛盾的，不必要的布景，或单纯追求生活其实的堆积，形成庞大臃肿的现状，最容易限制演员的表演动作。一九五六年夏我参加中国访日京剧代表团在东京演出，那一次，我们除了《人面桃花》《天女散花》等戏以外，都不用布景。有一天在我的《醉酒》以前，另外两个演员演《秋江》短剧，用电光打出江景，第二天，我们和日本戏剧界的朋友开座谈会，他们说："《秋江》的江景，和前边的摇橹、行舟的动作不调和，反显得这些动作虚伪无力。"五年前，川剧在北京演《秋江》，我也曾请一位亲戚——老太太去看戏，回来后，我问她："《秋江》好不好？"她说："很好，就是看了有点头晕，因为我有晕船的毛病，我看出了神，仿佛自己也坐在船上了，不知不觉的头晕起来。"那一次是在素幕前面表演的，所以效果很好。这不过是两个例子，却已经说明京剧的表演艺术因为是在没有布景的舞台上发展起来的，它充分借助于观众的想象力把舞蹈发展为不仅能抒情，而且还能表现人在各种不同环境——室内、室外、水上、陆地等的特殊动作，并且能表现人的内心世界，我们要给它增加新的东西，主要先要考虑它和表演体系有无矛盾，用布景不是完全不好，而要和表演特点做到调和。

我在四十年前创作新戏时，大部分使用了布景，在这几十年的摸索过程中，感觉到在某些戏里，布景对表演是起了辅佐烘托的作用的，但一般的使用布景，或者堆砌过多，反而会缩小表演区域，影响动作。我排《太真外传》（*杨贵妃全部故事*）杨玉环舞盘的场面里，我站在一张特制的能够转动的圆桌上歌唱舞蹈，下面还有许多扮着梨园子弟的群众和我同舞。这场戏就很突出。这个戏我已经有二十年没有演出了。现在我还使用布景的戏，只有一出《洛神》。这出戏，离开了布景就无法表演，因为在编剧时就设计了布景，它与表演艺术是密切结合着的。

表演艺术

中国的观众除去要看剧中的故事内容而外，更着重看表演。这因为故事内容是要通过人来表现的。《将相和》《空城计》《秦香莲》《拾玉镯》《白蛇传》《闹天宫》等传统剧目，在全国各地都普遍演出，群众的爱好程度，往往决定于演员的技术。演员不但要从幼年受到正规训练，掌握所担任的角色的全部技术——程式——达到准确灵活的程度，还必须根据剧本所规定的情节，充分表达剧中人的思想、感情，以引起观众的共鸣。

中国戏的角色，前面简单说过，分为生、旦、净、丑四门，四门当中又分出各种类型的人物，每种角色都有一定的表演法则，大致可分为五类，口、眼、手、步、身。

口——唱和说白，都要求清晰准确，包含丰富的感情和音乐性。

眼——是传达思想感情的主帅。演员出台后，观众首先看到的是演员的面部，面部当中，必先接触到眼光，一个有本领的演员往往能使全场几千只眼睛随着自己的眼睛转动。

手——运用手的姿势，表达喜、怒、哀、乐的复杂感情和各种生活动作，而成为优美的舞式。

步——戏曲界称走台步为百炼之祖，是练习身段最基本的功夫，动作的好看与否，决定于步法的是否稳重、准确。

身——包括腰、腿、肩、肘等部分，腰、腿尤为重要，凡是一个演员都知道形体的锻炼，要求肌肉松弛，但这句话极容易误解为松懈不使劲，好像一件衣服挂在衣架上那样的松弛就糟了。中国戏的形体锻炼，要求劲头在全身各部畅通无阻，能提能放。有经验的表演家常说不能使"劲""浊劲"而要用"巧劲"，因此，必须把全身的肌肉、关节都锻炼到能够灵活操纵，具有松紧自如的弹性，才能随心所欲地、变化无穷地发挥巧妙的劲头。

以上这五项基本功夫，是每种角色都必须经过严格的锻炼，在表演时，配合音乐节奏，使全身的动作与发音，成为一个整体的东西，以准确地表达剧中人不同的思想感情，但又不是机械地拼凑，而是有机地联系起来，结合着不同的角色进行创造。

生、净、丑、旦的分行，也是中国戏曲舞台艺术传统的特点之一。

生——可以分作三类：老生、小生、武生。老生是戴胡子的，演的是中年和老年人，这类角色在过去剧本里大多数代表正面人物。从劳动人民一直到王侯将相，各阶层的人都有，如萧恩、宋江、诸葛亮、伍子胥、文天祥、李白、宋士杰、赵匡胤。唱腔、念白、台步、动作比"净"较为收敛，另有一种飘洒和凝重的气派。老生以唱工为主，从京剧奠基人程长庚先生开始，

112

涌现出许多优秀的名演员，如张二奎、余三胜、汪桂芬、谭鑫培、杨月楼、孙菊仙、汪笑侬先生等，创造了各种流派。现在还有一种做工老生，专以念白和表情见长，与我同岁的周信芳先生演《四进士》的宋士杰，他充分的运用了念白和表情的技巧，刻画出一个久经事故而具有正义感的老人。还有一种文武老生，如《定军山》的黄忠、《战太平》的花云，他们在唱念以外更着重兵器舞蹈，一招一式都要讲究气派。与武生的专以勇猛、矫健见长，又有所不同。前辈名老生谭鑫培先生，他是文武昆乱不挡，全面发展的，他演《定军山》的黄忠，能够在紧张的战斗中，从容不迫地，举重若轻地显出久战沙场的名将风度。

小生代表青年人。分巾生、穷生、雉尾生、官生等几种，发音时真假音间用，动作较潇洒而带有轻快的意味。巾生是带软巾的小生，如《西厢记》的张君瑞，《玉簪记》的潘必正，《牡丹亭》的柳梦梅，《拾玉镯》的傅朋，要表现出风流潇洒的风度。穷生如《鸿鸾禧》的莫稽，《破窑记》的吕蒙正，表现落魄的知识分子，身段要于寒酸中露出斯文之态。雉尾生则是青年将官以及年龄较轻的武士，如周瑜、吕布、杨宗保，《八大锤》的陆文龙和《白兔记》中的咬脐郎……他们的身段要从英武中带有顾盼自喜的神情，与专以武打见长的武生不同。还有带纱帽穿官衣的青年官吏称为官生。动作、表情都要端重一些。我看过前辈名小生王楞仙先生的戏，他从《八大锤》的陆文龙一直到《奇双会》的官生赵宠，无不精工，扮谁就像谁，给后辈留下许多典型的艺术形象。

武生代表有武艺的人物，分长靠与短打两种。长靠如三国戏中的马超、赵云。短打如水浒戏里的武松、《三岔口》的任棠惠等，他们都必须具备真实的武功。通过交锋或翻跌来表现人物的勇武。工架的夸张程度仅次于净角，比老生、小生都要威武开阔。老艺人盖叫天先生就有"活武松"的称号，他的勤学苦练的精神，成为后辈的模范。更有一种以说白、表情刻画英雄气概的。已故名武生杨小楼先生，就有"活赵云"的称号。同时他对长靠短打也是兼长的。另外武生又兼演猴戏。既要突出孙悟空的机智和反抗的性格，又要表现猴王的气度，这是一种特殊的表演艺术。

净——这是在前面脸谱一节所说的各种类型的人物。表演程式是中国戏里最夸张的，其夸张的程度，要根据身份、年龄、性格以及剧本的具体情况有所不同。例如《二进宫》的徐延昭是以歌唱为主的，要表现出凝重忠诚，稳如磐石的态度，动作简练含蓄，不许轻举妄动。《秦香莲》的包拯，为了处理一件冤狱，同公主、太后、驸马作不调和的斗争，在唱念动作方面，要根据剧情的发展，时而平静，时而激动，时而沉思，时而愤怒，层次分明地表达出包拯当时的困难处境和思想斗争的过程，这里蟒袍的水袖起了很大的作用。至于眼神的运用，台步的快慢都要配合唱腔节奏，给观众以强烈的感染。《将相和》的廉颇，在悔悟后的内心表演，和前面向蔺相如挡道时的神气是要有强烈的对照的，同时要注意到廉颇是一个掌握兵权的武将，他的工架和徐延昭、包拯又是不同的。《霸王别姬》里的项羽，则要表达他的元首而兼统帅的身份，刚愎粗豪的性格，以及儿女情长的复杂感情。可是项羽在武打的场面里，却主要只显示他力敌万夫的气概，而不是去具体表现他的矫健，灵动，这和三国戏里关羽临阵的情况相似。净角中还有以工架为主的架子花脸，如张飞、牛皋、李逵、窦尔墩……有的是军中大将，有的是绿林英雄，在戏里是更富有性格的，他们刚强中带有机智，威猛中含有妩媚，因此，表演方面也是繁重而细致的。净行中，还可以表现反面人物，如前面介绍的曹操、董卓、司马懿、伯嚭等都属于这一类。要刻画他们的阴险、奸诈、狠毒，反复的性格和行为。这类角色，除了在脸谱上显示他们的性格特征以外，还必须通过唱念做来表现他们的全部行动。

前辈名净何桂山先生演《醉打山门》的鲁智深，鲁莽、豪迈、风趣，刻画出一个英雄人物为了暂避封建统治的迫害，隐蔽在寺院，借着喝酒发泄出来的抑郁不平的心情。素有"活曹操"称誉的黄润甫先生，我和他同台很久，曾看过他演《连环套》的窦尔墩，他活生生地描绘出一个倔强、耿直、好胜而心胸善良的绿林好汉，让观众喜爱这个人物，同时更感觉到迫害他的黄天霸是那样奸诈、卑鄙、渺小。

丑——分文丑、武丑和一般的三种，有的扮演反面人物，如汤勤、蒋干……要表现斯文中的阴险和自作聪明，《窦娥冤》中的张驴儿也是坏人，《刺梁》的万家春、《棒打》的金松却是正面人物。他们的语言流利，幽默兼会各种地方方言，行动中时露轻快和滑稽。

武丑则代表具有武艺的人物，擅长跳跃，性格多表现风趣和机警，语言轻快，动作敏捷。像水浒戏里的时迁、阮小二，《三岔口》的刘利华等。武丑也可以兼演猴戏。

丑角除了上述的特点以外，在戏里还有一种特殊的讽刺和揭露的作用，譬如《打棍出箱》的樵夫，他就告诉范仲禹当地恶霸葛登云抢了范的老婆，老虎衔去范的儿子，并且指出恶霸的地址。《审头刺汤》的汤勤有两句独白："只要她心似我心，人头是假也是真。"这两句话充分揭露了汤勤本人想占取雪艳娘的阴谋和奸险丑恶的内心世界。

丑角和观众之间的关系最为密切，他们用生动、尖锐的语言，对剧中人物进行批判、讽刺、表扬，引起观众的共鸣，例如和我合作多年的萧长华先生演《审头刺汤》的汤勤，当汤勤被雪艳刺死后，突然又以剧外人的身份站起来诙谐地对台下说："这一下诸位可出了气吧！"

中国丑角有时可以"抓哏"（抓哏就是即景生情，抓住一桩事，借题发挥），但不能脱离剧情。

旦——分老旦、青衣、花旦、武旦、刀马旦几种。

老旦代表老年的妇女，如窦娥的婆母，《杨家将》的佘太君，唱念近似老生，动作则比生角带有女性特点。前辈名老旦龚云甫先生，在《钓金龟》里扮演年老贫穷的康氏，《杨家将》里扮演一个调度军事的佘太君，他能够很细致地表现这两个不同的身份和性格。

青衣代表少年和中年的妇女。她们以穿黑色褶子为主，所以叫青衣；有时也扮演贵族，穿蟒或穿帔，性格多半是庄重和善良的。唱工多于做工。她们在戏里，大半是正面人物，和老生的性格相似，如秦香莲是被丈夫遗弃的悲剧人物。王宝钏是相府千金，抛弃了优越的生活，选中了一个有志气的穷书生做她的丈夫。《二进宫》的李艳妃，为了挽救幼子的王位，与两位正直的大臣定计，粉碎了奸臣的阴谋。

青衣著名演员，前辈有胡喜禄、时小福、余紫云、陈德霖、王瑶卿先生等，百年来创造了无数优美的唱腔和凝练的身段，我继承了他们的艺术，根据本身的条件有了新的变化。

花旦代表性格比较活泼、天真或泼辣的幼年和青年的妇女，她们的服装以穿袄裤为主，表演方面着重念白和动作，这类角色可以表演善良或邪恶等不同人物。例如《西厢记》的红娘是一个热情、机智、风趣的少女，她一手促成了张君瑞和莺莺的好事，与顽固的老夫人作斗争，以辛辣、尖锐的语言，使老夫人啼笑皆非，终于屈服。《拾玉镯》的孙玉姣，对陌生的傅朋，一见钟情，没有通过她母亲，就委托刘媒婆说媒。《坐楼杀惜》的阎惜姣，为了热恋张文远，抓住一封梁山的密信，要陷害宋江，终于被宋江刺死。我祖父梅巧玲先生是早期演花旦的典范，他所创造的艺术形象，至今尤为同行所推重。现在于连泉先生掌握了花旦的表演艺术，能够细致地、深刻地刻画出各种不同性格的人物，他继承并总结了前辈的艺术而自成一派。

刀马旦是代表有武艺的妇女，以扎靠为主，动作要在英勇中表现婀娜的姿态，性格应该爽朗、热情、勇敢，富有反抗意志。例如《穆柯寨》的穆桂英，她在交战时擒住宋朝青年将官杨宗保，她爱上了他，就用团结起来、共同反抗外来侵略的恳切语言，说服了杨宗保，结为夫妇。最后她抛弃了家庭，投奔宋营，救了丈夫的性命……。《抗金兵》的梁红玉，为了抵抗侵略，亲自到金山顶上擂鼓助战，帮助她丈夫韩世忠击退了金人。我从早年就喜爱穆桂英这个人物，在不断演出中更和这个角色结下了深厚的感情。"七七"事变后，我为了反对日本侵略曾演出《抗金兵》的梁红玉，当我擂完鼓，下山与金兵交锋时，我仿佛到了抗日战线的前哨，为保卫祖国而投入火热的斗争。

武旦和刀马旦基本上差不多，不过不注重唱念，扎靠时也较少，专门以武打见长，在神话戏里更需要"打出手"，能将各种兵器抛起来，再用种种姿势来接住，或踢回去，如同穿花的蝴蝶一样，这是京剧表演艺术中的特技。如《无底洞》的玉鼠精，《泗州城》的水母。过去有名的武旦有阎岚秋、朱桂芳先生。

已故前辈王瑶卿先生和我感到以往青衣和花旦的分工过于严格，局限了人物的性格和表演艺术的发展，因此，根据剧情需要，尝试着将青衣、花旦的表演界限的成规打破。使青衣也兼重做工，花旦也较重唱工，更吸收了刀马旦的表演技术，创造了一种角色——花衫，使他们能更多地表现不同的妇女性格。比如，我演《宇宙锋》的赵女，《凤还巢》的程雪娥，《别姬》的虞姬，以及《醉酒》的杨贵妃，就是一种兼合众长的表演方法。后来京剧的演员们也都这样做了。

京剧里的各种身段，既然是从生活中提炼而来，当然有一定的含意，但是不能孤立地或机械地要求解释每个身段动作。有的身段可以单独表现出是什么意义，譬如上桥、下楼、开门……可以有层次地表达出来。但有的身段必须连接起来才能说明内容。有时候同样的身段在一定的情景中，可以单独说明为什么，但在另一地方就必须成为一组，才能看出所表达的思想感情。例如"转身"这个动作，本来是戏里常见的动作，在《醉酒》里，杨贵妃换了官装，走着"醉步"倒退着出来，到了台的中心，往左转身，面向前台。这个转身的用意，为的就是转过身来才能看见左边摆的花。下面在将要走向台口假设有花盆的地方时，左手搭袖，右手翻袖，一面转身，一面随搭随翻随放下，连转两个身，就到了台口，下面才是用"卧鱼"的身段来嗅花。这两个"转身"又有什么含意呢？为什么已经看见了花又要转两个身呢？这个转身就不能孤立地去要求解释，它是从看见花开始，到蹲下身去嗅花这一组身段中的一个组成部分。这个动作的作用是为了表达角色全部的内心感情。这两个转身，也是嗅花的前奏动作，经过这种夸张的动作，就把观众的视线吸引到这一表演区域里来，以便更集中地表现全部动作。这就不能割裂式强加注解。乌兰诺娃同志有两句话最能说明这个道理，她谈到芭蕾舞时说："譬如一个字母，有什么含意呢？当然没有，但是几个字母拼成，就能够说明很多不同的意思。"

中国剧的舞台调度也是非常重要的，像《醉酒》除杨贵妃以外有八个宫女和两个太监，一共十一个人，当杨贵妃出来的时候，他们站立两旁，留出很宽的道路，当杨贵妃在中间进行表演活动时，他们必须很匀整地站在适当的地位，不能挡住观众对主要剧中人的视线，而又须随着杨贵妃台步，随时变换队形。杨贵妃坐定之后，如果在桌子前面外场椅，他们就站在两旁，坐进桌子里面，又须排成扇子形，这时只看主角的活动，他们是不能轻举妄动的。但应该和主要剧中人保持一定程度的关心，如杨贵妃走出桌子，一时失足，几乎摔倒，大家都要弯腰俯身，做出要搀扶的样子，而她却睁开醉眼，对大家摇摇头，表示没有喝醉。杨贵妃这一场下场时，宫女、太监要站立成一条胡同的样子，杨贵妃颤动手里的扇子倒退着从夹道中下去。当两个太监，怕她酒醉失态诓骗她说皇帝来了，她果然从醉梦中惊醒过来跪接皇帝，十一个人则排成一字形，像一条绳索，或一扇大屏风。

战争场面的武打与此相同，如陆战冲锋破阵，水战翻江倒海，在紧张剧烈的动作中，队形一点不能紊乱，打击乐一停，满台的人都要在适当地位，亮出稳如雕塑的形象。

《二进宫》里一个妃子、两个大臣，一坐两站，成三角形，这是一出唱工戏，动作比较少，站在固定地位的人，要整齐严肃，但又不能像两块大石头一样，必须使全身的肌肉灵活松弛，使观众没有僵硬拘束的感觉，这就要靠内心活动来操纵全身的各个部分的肌肉了。

《拾玉镯》里孙玉姣的表演区域，大部分居中，傅朋则靠左边，必须有刘媒婆在右边窥视的衬托，否则，就显得右边空虚了。

一个人或集体在台上的位置和队形，主要倚靠对称，譬如《醉酒》的卧鱼、衔杯，左边做了，还必须到右边来重复表演一次，倘使只做一面，就会感觉到另一边单调空虚，好像完整的舞台面，有一个缺口似的。但我在表演中尽量避免雷同、刻板，例如前面所讲的两个嗅花的动作，除了部位相同之外，从形体动作到思想感情，都是不同的。这是经过群众所提的意见，结合我本身的创造，不断修改、整理而渐渐达到生活和艺术的融洽地步。

《霸王别姬》的舞剑的位置，是环绕在四个犄角和中央，成为一朵梅花式的图案，假使你的舞蹈步法不够准确和严整，就会给观众一种残缺支离的感觉。

中国传统演出，后面的背景，过去用刺绣图案，解放后用素幕，目的都是使它和舞蹈动作调和相称。假使后面用了立体布景，或者接近写实的胶卷，舞台的位置和队形就必然起了变化，这些对称的身段就会感到不协调。

这样讲，是不是京剧舞蹈对称，就是简单地重复表演呢？不是的。这里面的变化是多种多样的，往往也以繁和简对称，或分高低、大小、远近来做对称，比如：《打棍出箱·问樵》一场，描写一个和妻子、儿子失散的读书人，向一个樵夫打听他们的下落。樵夫和这读书人的全部身段动作，几乎都是对称的，但有高有低，有远有近，并不是刻板的重复。这和中国其他艺术也是相同的，特别是民族形式的绘画艺术。

今天所讲的，只是概括地介绍了一些京剧表演艺术的特点，但是不够系统，也不够全面。希望各位同志在观摩中国戏曲时，对我们提出宝贵的意见，我们戏曲界从来就是欢迎任何国际朋友的批评，我们正在大规模进行"文化革命"的时候，京剧表演艺术亦将担负起时代的使命，为社会主义文化建设事业，放出美丽的花朵。

一九五八年一月二十四日，二月二十八日于友谊宾馆

关于表演艺术的讲话

同志们：今天我要说的是我在戏曲表演方面的一点经验。大家都知道我不善于讲话。很久以前，我曾经在北京国剧学会讲过课，一晃已经三十多年了，我今天重新站在讲台上，简直有点发怵，诸位别见笑，我不怕上戏台，怕上讲台。在座的各位，都是各剧种的成熟演员，其中还有许多位著名演员，你们的经验很丰富，知道的东西不会比我少，我现在用漫谈方式，想到哪里就说到哪里，有说得不对的地方，希望大家不客气地指出来！

一 戏曲是综合性的艺术

中国戏曲是一种综合性的艺术，包含着剧本、管乐、化装、服装、道具、布景等等因素。这些都要通过演员的表演，才能成为一出完整的好戏。这里面究竟哪一门是最重要的呢？我以为全部都重要。

写剧本的常话剧本重要，可是没有好演员，就不容易把剧本的精彩发挥出来。演员们往往强调表演重要，这也不对，好演员拿到坏剧本，请问你能演出好戏来吗？而且，有毒素的剧本，越是演得到家，毒素越大。

再说音乐吧，在戏里起的作用就很大。拿我的经验来说，一个很好的身段，或是一句很好的唱腔，只要在腰子里给你下一"箭子"，什么都完了。胡琴，笛子和唱的关系更密切，就是演员不唱的时候，唢呐、笛子吹个牌子，或者胡琴拉个牌子：也能马上造成舞台上的一种新的气氛。从这些方面可以看出音乐在戏里的重要性。

谈到化装，我们在舞台上要塑造出各种各样角色的面部形貌，全靠化装的技巧，不但要化得像，而且要美观。化装的妙用，能够改变本来面目。一个人的五官，总不免有缺点，通过化装，就可以补救你的缺点。拿旦角说，譬如，脸太大了，嘴太大了，眼睛太小了，都有法子补救。

多年以来，常有人问我化装的秘诀。其实，化装并没有什么秘诀，只要认清自己脸上的缺点，对着镜子一再试验，总会找到合适的化法，重要的是依靠自己找，自己试。如果人人都认为我梅兰芳的化装不错，全按照我的化法来做，由于各人的脸型不同，有些人就要上当了。我的脸型比较圆，比较大，眼睛也比较大，假定有一位脸型又长又小、眼睛也小的演员，也照我的方法化装，你们想想会好看吗？

谈到服装，从前有一句老话："宁穿破，不穿错。"这不是说要大家穿了破衣服上台，而是说明历来舞台上对服装的考究，因为服装跟剧中人的身份、年龄、性格和生活环境都有密切关系。你们看，《将相和》的廉颇，当虞卿到他家来劝他的时候，他穿的是开氅，这是舞台上给武将规定的一种家居便服，假如他因为开氅旧了，改穿一件新的帔，也跟文官家居的蔺相如一样，那就算错了。不但服装不能穿错，就连服装的颜色、花样，也应该同样被重视。例如，《宇宙锋》的《修本》一场，赵女穿的衣服，颜色就该深，花纹就该素，跟前面几场完全不同，才能显出赵女满腹忧怨的心情和刚死丈夫的悲哀，好让赵高相信匡扶是真的被杀了，免得再去捉拿。又如，《游园惊梦》里出身宦门的杜丽娘，是一个美丽的少女，她的衣服当然应该漂亮，同时她又是一个才女，所以在漂亮之中，颜色还要淡雅，才能衬托出这位能诗能画的杜丽娘。

说到道具，在戏里的作用也是很大的。《醉酒》里没有扇子，表演就没法进行。再说，如果这把描金彩扇和《打店》里孙二娘手里的小黑油纸扇对换一下，那么，两个人的身份性格就满拧了。此外，道具和实际生活里的用具也是有一定的距离的。《思凡》里如果就拿真的拂尘上场，准会显得柄太轻尘尾太短，做出来的身段是不会好看的。

我小时候演戏，北京还没有布景，用布景上海最早，后来北京也用了。我从排演古装新戏时开始用布景，最初也很简单，经过逐步发展，范围越搞越大，但不是每场都有的。我总觉得布景有局限性，有时候堆砌得过多，限制了演员的活动，我始终搞得不够满意。解放后，我演的戏里，只有《洛神》的末场还用布景，别的戏都没用。我看到其他剧团用的布景，经过一再改进，近年来搞得很好，看上去又简练又美观，今天的布景已经在戏里起了好的作用，估价很高。

从以上所谈的，可以看出，一出好戏在舞台上出现，不是单靠某一部门的力量，而是要各部门一齐努力的，因此，我们戏曲工作者应该大力发挥集体主义精神，把所有各部门的艺术质量同时提高，才能做出超过前人的成绩，更好地为光辉灿烂的社会主义事业服务！

二　几种同类型角色的分析和创造

每个戏都有它的故事，每个故事都离不开人物，每个人物，不论男女，都有身份、年龄、性格和生活环境的不同。我们演员首先要把戏里故事的历史背景了解清楚，然后再根据上面所说的四项，把自己所扮演的人物仔细分析，深入体会。提到体会，就必须联系到演员的思想认识和政治修养。我们演的角色，究竟是好人还是坏人，他做的事情是好事还是坏事，这些虽然已经由剧本规定好了，但是我们如何体验剧本，用什么表演方法把它恰当地刻划出来？这要看你的政治修养怎样了，你的思想水平越提高，刻划出来的人物越生动，对观众的教育作用越大，这个工作不简单，只有不断地加强学习，才能够做好。

京戏里角色的行当，总的来说，有生、旦、净、丑四种，每一种里面还分着许多类别，这是根据什么来划分的呢？也就是根据前面所讲的四项东西。总之，先有了这类人物，才有这种行当。譬如，一出戏里需要小孩开口唱，这就产生了"娃娃生"的名目。今天新社会里出现了许许多多的新的英雄人物，这些人物形象是前所未有的，有时候我们就不要过于受老行当的拘束，大可以在舞台上创造出新的类型。例如"白毛女"这个人物，我们既不能用青衣、闺门旦来表演她，也不能用花旦来表演她，像现在舞台上出现的"白毛女"，就是一个很好的创造。

我是演旦行的，但只演了其中的四个类型——青衣、闺门旦、花旦、刀马旦。前几天我演的《游园惊梦》，杜丽娘就是闺门旦。我先谈谈"闺门旦"：

　　闺门旦从字面上看，就可以知道它是表演旧社会里没有出嫁的少女和出嫁不久的少妇。像《游园惊梦》的杜丽娘，《三击掌》的王宝钏，同样叫做闺门旦，而演法不同。杜丽娘和王宝钏，她们都是为了自己的婚姻问题向封建礼教作斗争的，但杜丽娘只是思想上的斗争，王宝钏的斗争已经由思想进入行动了，所以不能用同样的手段来刻划她们。王宝钏已经接触了恋爱的对象，经过一系列的事实发展，最后对她父亲的压迫公然反抗了，我们就可以把她的斗争，用慷慨激昂的形态表现出来。杜丽娘是一个封建社会中老关在屋里的小姐，并没有接触过真正对象，她只能停留在思想反抗上，没有机会让她进入行动阶段，所以我们描写她的满腹幽怨，和王宝钏对此起来，完全是两样的。一个是含蓄在心里的，一个是发泄在外面的。从表演来讲，含蓄比发泄，好像难一点，我们要把一个封建时代的少女满肚子难以告人的心事表演出来，同时还要掌握分寸，不能让它过头，把少女的伤春演成少妇的思春，你想，这是不是一种比较细致的工作呢？

　　昆曲是个古老剧种，它的唱腔和做派，都是丰富优美的，但唱词却比较深奥，表演者如果不深刻理解唱词的意思，就无法体会角色的人物性格。拿我来说，这出《游园惊梦》是乔蕙兰老先生教的，陈德霖老先生又常给我指正。最初也是先生怎么教我怎么唱，对唱词的含义，并没有很好地理解，后来经过好几位精通诗词的老朋友给我一再详细讲解，对我的帮助真不小。可是，我在学习的过程中，却也费了很大的事，因为我从小就学戏，没有古典文学根底。明白了词义以后，进而深入体会人物性格，也不是短时期能够做到的。我这几十年来，对这出戏唱的次数真不算少，唱一次研究一次，一直到去年拍电影的时候，我又重新把全部唱词和几位老朋友一字一句地细细钻研，自己觉得似乎又有了新的理解，因此，在表现杜丽娘的性格方面，和过去有所不同。有句老话："做到老学到老"，这真是经验之谈，甭瞧我年纪比你们大，我还是跟你们一样，有鼓足干劲、力争上游的勇气，要把表演质量不断提高。

上面谈的是闺门旦，现在我再谈"青衣"：

我最初开蒙是学青衣，早期在舞台上演的青衣戏比较多，我觉得，同样是青衣戏，表演的方法并不能完全一样。例如，《武家坡》的王宝钏和《汾河湾》的柳迎春，都是青衣应行，扮相大致相同，剧情也差不多，她两个人的丈夫都是出外从军，离家一十八载，又回家团圆，虽然《汾河湾》里多了一只鞋子的曲折，大体上看来，是大同小异的。过去有些演员，往往把这两个角色演成一个模样，这是不对的。王宝钏乃丞相之女，柳迎春是员外的女儿，两个人的家庭环境不同，演王宝钏的，一切动作都该比较庄重，演柳迎春就要比较洒脱。

怎样才显出庄重和洒脱的不同呢？我来举几个例：

老派青衣为了表现剧中人的庄重，很少露手，我们演柳迎春，就可以常常露手。当年时小福老先生演《汾河湾》的柳迎春最拿手，他也常露手，当时有人管他叫"露手青衣"。柳迎春在这出戏里，有许多做派要露出手来，时老先生这样做，是合乎剧情的。一般偏重保守的人给他起了这个带讽刺性的外号，是完全不对的。我没有赶上看时老先生的表演，我常看的是王瑶卿先生的柳迎春，他也演得很好，这出戏他学的是时老先生，我又学他。

手以外，脸上表情也有分别，王宝钏不能常带笑容，柳迎春就不受这个拘束。

在动作方面，柳迎春在说明了一只鞋子的误会以后，拿起剑来就要抹脖子，坐在地下哭着说："我再也不敢养儿子了。"这些做派是不能安在王宝钏身上的，就因为她们两人的家庭环境不同的原故。只要看王宝钏一见薛平贵的"宝"，就认识这是一颗王侯印信；到了柳迎春，就把薛仁贵的虎头金印说成是块生黄铜，要拿去换柴米，这虽然是句逗哏的话，也附带说明了柳迎春没有鉴别印信的常识。

《汾河湾》是一出生、旦对儿戏，过去我常陪几位老先生演唱，他们各有长处，这里面当然要推谭鑫培老先生最为传神。闹窑一段，夫妻们久别重逢，柳迎春急于要知道薛仁贵做了什么官，而薛仁贵一上来偏不说实话，从马头军引起了马头山、凤凰山等等的争辩，这在薛仁贵，完全是一种逗趣的举动，故意造成曲折，再说出真话，好让柳迎春格外高兴。谭老先生在这段戏里演得非常轻松，这是很合乎剧中人物的心情的。薛、柳二人有两次吵嘴，薛仁贵先是假吵，后是真闹，如果头里的假吵做过了头，就和后面的真闹没有多大区别了。谭老先生的表演是把前后两个不同性质的吵闹分得很清楚的。柳迎春在这两次吵嘴里，也有两种性质，正和薛仁贵相反，先是真吵，后是假闹，我陪谭老先生演过以后，得到启发，在鞋子矛盾当中，假闹的时候，我也采用了轻松的表演手法。

我还跟谭老先生演过《探母》，在《坐宫》一场公主猜心事的时候，在我的大段唱工里，坐在对面的四郎，一般都不做戏，因为做了戏，就容易妨害公主的演唱，谭老先生也不大做戏，只是有时候用眼望望我，或者理理髯口，可是我总感觉到他好像有一种精神打过来，和我的演唱联系在一起。这并不是说，陪老前辈演戏，起了心理作用，实在是因为他虽然表面上戏不多，而他的内心里老是注意着我，始终没有离开戏，所以有精神打过来。像这种精神感染，后来我和杨小楼老先生合演时也是常有的。

我和杨小楼老先生演《霸王别姬》，舞剑一场，虞姬说完"献丑了"，就要进场拿出剑来舞，这时我往后退一步，他就向前挤我一步，瞪着两眼看我，他的意思是说，霸王知道大事已去，在这生离死别的关头，他既爱虞姬，多看一眼也是好的，他当时那种神态，感动得我心酸难忍，真可以哭得出来，我在快进场前一回头，有个显示悲痛的表情，那时候我还是真悲痛，这就是精神感染的原故。我跟别位唱这出戏，有些演霸王的在这地方不向前挤，反而往后退一步，这样做，就把这两个人之间的又悲惨又相爱的精神打散了。

上面所举的谭、杨两个例子，一个是在做戏，一个是表面上没有做戏，而同样给了我精神感染。所以我感到，陪老辈好演员演戏，真有好处，他对人物性格的体会深，在表演上发挥出来的力量大，陪他演戏，你发出来的力量，也必然要比寻常的表演增加。我跟谭、杨两位老先生合演，每演一次得到一次的提高，这就是他们给我的精神感染起了带动作用。

下面谈"花旦":

花旦这一行,包括许多不同类型的角色,我只演过这里面的一种——丫环。《闹学》里的春香和《拷红》里的红娘,这两个角色,看来同样是丫环,而她们的年龄、性格就不一样。写剧本的给春香规定为十三四岁的小丫环,她只是陪伴着小姐念念书、逛逛花园,所以演春香的,只要把她的天真活泼演出来就行了;红娘的事就多了,她在莺莺和张生的恋爱过程中起了推动作用,这是一个有热情、有勇气、有智谋的人物,单拿天真活泼来表现她,是不够的,要重点描写她的聪明伶俐、爽快、老练。这两出戏,最初也是乔老先生教的。在我准备演出以前,有人推荐李寿山老先生替我再排一下,他在我的剧团里演花脸。大花脸会教小春香,我听了很觉得奇怪,那位推荐人对我说,李先生最早在科班里(他是三庆班的学生),花旦是他本行,后来才改唱花脸的。他的老工底真结实,隔了多少年,拿起来地方还是准。他本人个头高大,大家叫他"大个李七",可是那天在我家里排戏,你瞧他掐着腰出场,才走了几步,从他的眼神、手脚来看,完全变成一个天真活泼的小丫环了。一出戏排完了,把屋里看排戏的内外行朋友们,都看出了神。这可以说明,一个演员的幼年工夫结实不结实,关系极大。

我演"刀马旦",是在上海开始的,头一出戏是《枪挑穆天王》的穆桂英,后来我还演过《穆柯寨》《破洪州》《延安关》《赶三关》《银空山》《头本虹霓关》《抗金兵》。

《穆柯寨》里的穆桂英与《抗金兵》里的梁红玉,同样是刀马旦，扮相差不多，都戴七星额子，插翎子，披蟒扎靠，但表演不一样。穆桂英是一个山寨大王的女儿，年纪又轻，阵前碰到了一位很满意的对象，双方就发生了一段恋爱故事，所以要描写她的天真、活泼、聪明、勇敢；梁红玉是一个抵抗外寇、保卫祖国的统兵女元帅，一出场，她的身份就和穆桂英不同，除了要刻划她的忠诚、英勇、智谋之外，尤其要着重形容她的稳重、老练，才能合乎这位女元帅的身份。

她们不都是有掏翎子的身段吗？我们就可以从这个身段里分出两个不同的人物性格来。穆桂英应该掏得快些，姿态流动些，显出她的年轻活泼；梁红玉就要掏得慢些，动作沉着些，表示她的稳如泰山。还有，像鹞子翻身那样的身段，在一位女元帅身上是使不得的。

上次在座谈会上，听到诸位同志对我最近演的几出戏，作了很细致的分析，有些地方连表演人自己说起来还不能像这样清楚，这不但给了我很大的鼓舞，而且给了我不少的启发，我应该向你们表示感谢。但是，你们都在说我的优点，而我所希望的是想知道自己的一些缺点。同志们！不要认为我是个老演员，就不好意思指出我的缺点，不对我提意见。要知道，艺术是无止境的，好了还要更好，提高了还要更提高。我过去就欢迎观众们、朋友们、同行们的意见，特别是解放以后，广大观众给我的支援、帮助，使我在艺术上的收获，远远超过了前几十年的成就。凡是给我提意见的，不论是口头也好，书面也好，我向来是先把它仔细研究一下，然后尽量接受，哪怕是只有部分对的，也使我得到帮助。总之，多给我提一次意见，就使我多一次钻研的机会，这不是照例的客套，完全是我的真心话！

那天，陈伯华同志说我扮的杜丽娘，刚出场的时候显得胖，等脱了斗篷，就不觉得胖了。这两句话对我大有用处。说实话，我近年来是比过去胖些，为什么伯华同志在我脱斗篷的前后有两种不同的感觉呢？这问题恐怕是在我的服装上。老路子，杜丽娘出场，内穿褶子，外披斗篷，梳妆时脱去斗篷，加穿一件帔。我一向也是这样演的。一九五〇年，葆玖学会了春香，陪我唱《游园》，那时他才十几岁，当场让他给我穿帔，如果穿慢了，做得不合适，不但影响了舞台形象，而且会搅乱了杜丽娘唱词里的做派。因此，我就穿着帔出场，免得当场再换，这不过是一种权宜办法，跟春香上场念的："云髻罢梳还对镜，罗衣欲换更添香"，究竟是有抵触的。伯华同志说了我一个胖字，使我得到启发，今后决定恢复老路子，我想斗篷里少穿一件帔，总可以减轻臃肿的模样。马师曾、俞振飞两位同志对我说，杜丽娘的斗篷，颜色宜于淡雅，这个意见也很对，我已经准备另做一件新的斗篷。

前天，徐凌云先生和俞振飞同志给我看了一篇文章，是俞平伯先生前几年写的有关《游园惊梦》的几个问题，说得很有道理。其中对杜丽娘换衣服的问题，他也不赞同穿帔上场，这一点我已在前面谈过了。还有，游完园回房的动机，汤显祖原著规定是由杜丽娘发起的，后来的流行曲谱给春香加了一句念白："留些余兴明日再来耍子吧。"就变成春香的主动了。他认为这一改动对剧情有损害，春香没有逛够，不会主张回去，杜丽娘游园伤感，意兴阑珊，才无心留恋。这个说法我同意，以后再演，我准备在念完了"提它怎么"之后，加念："回去罢。"删去下面春香加的那句念白，接唱尾声曲子，这就看出谁是回去的主动者。他还说，"遍青山啼红了杜鹃"，本来是一句，不应该把它割开来做戏。这话很对，今后我要把这句的身段都改在下场台角做。

这次研究班里，把各地区、各剧种的成熟演员聚在一起，济济一堂，各人都能把自己的经验介绍给别人，同时也吸取了别人的经验，在互相学习，共同提高之下，我想，诸位同志的收获必然很大。像这种研究方式，在旧社会里是绝对不会有的。旧社会里，要学人家的一点玩艺，真是千难万难，那时候，谁有一出拿手好戏，除非你去看他的戏，暗地里去"偷"，明着请他教，他是不会轻易答应的。由于自私自利的个人主义在作怪，所以学戏很难，有好些宝贵的传统东西就这样失传了。

今天大大不同了，大家都懂得艺术是为人民服务的，谁都肯把自己的心得毫不保留地教给别人。拿这次研究班说，里面有几位老先生，各有他们的拿手好戏，你想学哪一出都行。像这种大公无私的表现，今天已经成为普遍的风气，也只有在毛泽东时代，才能够实现出来。

上面谈的还只是艺术方面，诸位这次也不是单纯地专为艺术而来的，还有比这个更重要的，就是政治学习。诸位在这里经过快三个月的学习，在思想认识和政治修养方面当然更进了一大步，我希望大家把学习到的东西贯彻到工作上去，这也就是毛主席教导我们理论要跟实践相结合的真理。

（一九六二年二月二十八日《文汇报》）

要善于辨别精粗美恶

《中国青年报》编辑部同志要我向青年同志们谈几句话，我在几句新年贺词中曾谈到："希望青年艺术家要注意辨别精、粗、美、恶。"我向来觉得这是一个艺术家一生艺术道路的关健点，所以今天谈戏，我还要从这句话谈起，并且想打几个比方，具体地来谈谈。

以演员来说，无论过去、现在都有下列几种情况：有些是由一般的演员渐渐变成好演员，又不断进步成为突出的优秀演员。也有些始终是一般的演员。还有些已经成为比较好的演员，慢慢又退化成一般的演员。更有些本来还不错，而越变越坏了。以上这些变化是什么原因呢？当然，天赋条件的不同，也决定了很多演员的前途，诸如好嗓子、好扮相变坏了就是演员的致命伤。还有一部分演员是自己不努力学习锻炼，或是生活环境不好，以及其他种种复杂原因。都能使自己停滞不前或退步，甚而至于到了不能演的程度。也还有一种情况，演员天赋条件并不错，也很努力练习，可是演得总不够好。我个人的看法，最根本的原因，就是今天所要谈的，那演员本人能不能辨别精、粗、美、恶的问题。

一个演员表演艺术的道路如果不正确，即使有较好的条件，在剧场中也能得到一部分观众的赞美，终归没有多大成就。所以说演员选择道路关系非常重大。选择道路的先决条件，就需要自己能鉴别好坏，才能认清正确的方向。不怕手艺低，可以努力练习；怕的是眼界不高，那就根本无法提高了。

不能鉴别好坏，或鉴别能力不强的人，往往还能受环境中坏的影响而不自觉，是非常危险，并且也是非常冤枉的。譬如一个演员天赋条件很好，演技功夫也很扎实，在这种基础上本来可以逐渐提高的。但如果和他同时还有个演员，比他声望较高，表演上不可否认的也有些成就，可是毛病相当大，他就很可能受到这个演员的影响，学了一身的毛病，弃自己所长，学别人所短，将来可能弄得无法救药。归根的原因在于自己不能辨别，为一时肤浅的效果所诱惑，以至于走上歧路。

还有一些演员，条件和功夫基础都还不错，也没有传染上别人的坏毛病，但自己的艺术总不见进步，别人的长处感染不到，在生活中遇见鲜明的形象也无动于衷，这是什么道理呢？当然自己不继续勤学苦练也可能在一定的程度上造成故步自封；但也确有很努力地苦练了半辈子，可是总不够好，我们京剧演员对于这种现象有句老话是"没开窍"。这种"没开窍"的原因，就是没有辨别精、粗、美、风的能力，看见好的不能领会，看见坏的也看不出坏在何处，到处熟视无睹，自己不能给自己定出一个要求的标准，当然就无从提高自己的艺术水平。固然聪明人容易开窍，比较笨的人不容易开窍，但是思想懒惰，或骄傲自满，不肯各方面去思考，不多方面去接触，如同自己掩盖自己眼睛一样，掩着眼睛苦练是不会开窍的。所以天赋尽管比较迟钝，只要努力去各方面接触，广泛地开展自己的眼界，还是能做得到的。我个人的体验，辨别精、粗、美、恶的能力，完全可以用这种方法训练出来。因为好和坏是比出来的，眼界狭隘的人自然不能知道好的之上更有好的，不看坏的也感觉不出好的可贵。譬如一个演员，看一出公认的优秀演员演的戏，或者看一件世界知名的伟大艺术品，看完之后应该自己想一想，究竟看懂没有？一般公认为好的地方究竟看出好来没有？不怕说不出所以然来，只要看得心花怒放，那就说明看懂了。如果自问确实没有看出好来，不要自己骗自己，而轻轻放过去，应当向比自己高明的人去请教，和自己不断地继续钻研，一定要使这个公认的好作品，对自己真的产生感染力，那就说明你的眼界提高了一步，这时候对自己表演的要求无形中也提高了。

对于名演员的表演，一般都有些崇拜思想，容易引起注意，也自然容易产生感染力，因而不至于轻轻放过。只是对于一些有精湛表演而不很出名的演员，在辨认他的优点的时候，则比较困难。遇到这种观摩机会，千万不要觉得他不是名演员而加以漠视，因为这正是锻炼眼力的好机会，我个人就有这种经验。我青年的时候，每天演完戏常常站在场面后头看戏，看到有些扮相嗓子都不好的配角演员，前台观众对他不大注意，后台对他却很尊敬，我当然明白这样的老先生一定是有本事。但坦白地说，最初我也看不出好处在哪里，经过长期细听细看，渐渐了解对方不仅是会的多，演得准，而且在台上确实有别人所不及的地方。譬如一出戏的配角有某甲、某乙、某丙，在他们共同演出的时候，觉得除了主角之外，还看不出某个配角有什么突出的地方。等到有一天这出戏的某乙演员死了，换上另外一个人，立刻就认识到，原来某乙有这些和那些的长处，是新换的人所赶不上的。从这种实际体验中不知不觉把自己的眼睛练得更敏锐了些。

演员对于观摩同行演员之外，还应当细细地观摩隔行的角色演戏，来扩大自己的眼界。另外对于向来没有看过的剧种和外国戏，更是考验眼力的好机会，因为对一个完全生疏的剧种，往往不容易理会。但是只要虚心看下去，也一定一样会发现它的优缺点。遇着机会把所看到的优缺点向人家本剧种的内行透露出来，看他们对自己的外行看法有什么表示。凡是对一种生疏的东西已经能提出恰当的批评来，就说明自己在原来的基础上又提高了一步。

这些增强自己眼力的方法，都是要时时刻刻耐着心去做，不可听其自然，因为有时稍微疏忽就会受到损失。举一个例来说，我记得有一次也是去看一种从来没见过的地方戏，最初一个感觉，好像觉得唱念有些可笑，锣鼓有些刺耳，很想站起来不看。在这时候自己克制自己，冷静了一下，就想到我是干什么的，今天干什么来了，一定要耐心看下去。转念之间，立刻眼睛耳朵都聪明了，看出不少优点。看了几次之后，不但懂了，而且对于这个剧种某几个演员的表演看上了瘾。我在几十年的舞台生活中向来是主动地多方面去接触，可是有时还沉不住气，不免要犯主观毛病，不是转念得快，就几乎使自己受了损失，所以我觉得一个演员训练自己辨别精、粗、美、恶的能力，全靠自己来掌握。

不但观摩台上的表演如此，在台下学戏更是如此。我们做演员的，向老师学戏是最基本的功课。开蒙的时候，当然谈不到鉴别力，只能一字一板，一手一式地跟着来。在过了一定的阶段以后，就需要去注意认识老师的艺术成就。举个例来说，我记得当初向乔蕙兰先生学《游园惊梦》的时候，他已经早不演戏了。我平常对于乔先生的印象就是一个干瘦的老头，可是他从头到尾做起这出戏的身段来时，我对于那个穿着半旧大皮袄的瘦老头差不多就像没看见一样，只看见他那清歌妙舞，表现着剧中人的活动。当时我就想到，假使有个不懂的人在旁边看着，一定会觉得可笑得不得了。还有陈德霖老夫子同时也教我这出戏，我也有同样的感觉，他们素身表演和在台上同样引人入胜，这是真本事。（好多老前辈都有这个本事，现在谈到陈、乔二位先生，只是例子之一。）对于这样的老先生，除了学他们的一手一式精确演技之外，只要你眼睛敏锐，有鉴别力，就可以发现有很多很多他所说不出来的东西你可以学到。

有了这种锻炼，不但会研究老师的表演技巧，而且会随时随地发现值得注意的事物。在日常生活中，譬如看见一个人在安闲地坐着，或一个人在路上丢了小孩是什么神情姿态，一个写得一手好字的人拿笔的姿势，一个很熟练的洗衣人的浣洗动作……如果发现有突出的神情和节奏性很强的动作，都能通过敏锐的鉴别而吸收过来，施以艺术加工，用在舞台上。

一个演员对于剧本所规定的人物性格，除了从文学作品和过去名演员对于角色所创造、积累的结晶应当继承以外，主要就靠平时在生活中随时吸取新的材料来丰富角色的特点，并给传统表演艺术充实新的生命。假使不具备辨别精、粗、美、恶的能力，将会在日常生活中吸取了不合用的东西，甚面至于吸取不少坏东西。

有时候演员的动机确实很好，想从生活中吸取材料，只由于不辨精、粗、美、恶，对于前人的创造没有去很好地学习，或者学习了而不求甚解，视之无足轻重，因而对于生活中千千万万的现象，就不可能辨认出哪个好哪个坏，哪个能用在舞台上或不能用在舞台上。例如孙悟空这个角色，当优秀的演员演出时，观众觉得他是一个英雄，是一个神，一出场就仿佛明霞万道似的，从扮相到舞蹈动作都表现这种气概，在这气概之中还要有猴子体格灵巧的特色，这是最合乎理想的孙悟空。但现在也有些扮孙悟空的并不具备这种形象，只是耕命学真猴子，把许许多多难看的动作直接搬上舞台，甚而至于把动物园中猴子母亲哺乳小猴子、抚摸小猴子的动作，都加到孙大圣的形象上去，这种无选择地向自然界吸取的方式，是一种非常不好的倾向。

作为演员，当然要求在舞台上有创造。但是创造是艺术修养的成果，如果眼界不广，没有消化若干传统的艺术成果，在自己身上就不可能具备很好的表现手段，也就等于凭空"创造"，这不但是艺术进步过程中的阻碍，而且是很危险的。

一个古老的剧种，能够松柏长青，是因为它随时进步。如果有突出的优秀的创造而为这个古老剧种某一项格律所限制的时候，我的看法是有理由可以突破的。但是必须有能力辨别好坏，即这样的突破是不是有艺术价值？够得上好不够，值不值得突破。我同意欧阳予倩先生说的话："不必为突破而突破。"话又说回来，没有鉴别好坏的能力，眼界狭窄，就势必乱来突破了。

我个人的经验，除了向老先生虚心学习和多方面观摩别人演出以外，还有最重要的，就是借用观众鉴别精、粗、美、恶的言论来增强自己的鉴别力。观众里面有很多是鉴别力特精的，演员们耐心听一听观众尖锐的批评，会帮助我们的眼睛变得更亮耳朵变得更尖，能发现更多值得参考的东西。

以上所举的一些例子，都是以演员来谈的。至于剧作者和戏曲干部，也同样需要努力去扩大自己的眼界。譬如有这样一出戏，故事方面有头有尾，尽管和小说所描写叙述的不完全一致，但能使观众看得很明白，内容也不算太多而主题鲜明，本是一出好戏。假使一个剧作者把小说的叙事过程大量增加进去，由六刻的戏扩大成十余刻的戏，原来观众最爱看的场子，势必因增加内容而给减弱了，这样做不但是这个好作品本身的损失，而且还会形成不良风气，害处更大；这也就是由于作者不辨精、粗、美、恶才发生的。

所以我个人的体会，不论演员或剧作者，都必须努力开阔自己的眼界。除了多看多学多读，还可以在戏曲范围之外，去接触各种艺术品和大自然的美景，来多方面提高自己的艺术水平，才不致因孤陋寡闻而不辨精、粗、美、恶，在工作中形成保守和粗暴作风。我们要时刻注意辨别好坏，将来舞台上一定会出现不朽的创造。

以上所谈的不是深奥的理论，本是人人都知道的，并且戏曲界大多数人都具有鉴别能力，好像是用不着细讲了。但前面所列举的现象，毋庸讳言，也是存在的事实。由此看来，一般太好太坏固然一望而知，但"生疏稀见的好"和"看惯了的坏"就可能被忽略："真正具有艺术价值" 和 "一时庸俗肤浅的效果"，尤其现实主义和自然主义、形式主义与精确优美的程式错综夹杂的现象，更不大容易辨别。所以今天我特意谈一些个人的体会，供献给需要参考的同志们来参考。

在合肥同安徽戏曲界座谈时的讲话

安徽的戏曲事业，是有辉煌成就的，谁都知道京剧是从四大徽班发展起来的，所以我们剧团的同志到了安徽，好像回到老家一样，感到分外亲切。现在把我这次在安徽看到各种戏曲的印象谈一谈。

泗州戏花鼓灯：

我在蚌埠看了泗州戏传统剧目《走娘家》，这是一出好戏，情节很简单，但能够生动地表现出农村少妇的纯朴感情。

李宝琴同志扮演张三的妻子桂花，她的表演是继承并发展了泗州戏的传统艺术。脚步走得严密匀整，全身的肌肉却又非常松弛，眉目传情之处，还给观众一种活泼健康的美感。演张三的吴之兴同志俊扮，但仍保留了丑角的风趣。看得出他对于这个角色的创造，也是经过一番慎重加工的。因此，出现在我们面前的是一对天真可爱、气质高尚的农民形象。

剧中主要写桂花骑驴子回娘家，张三步行送她，沿路买了食物，孝敬她的父母。张三怕误了田里工作，几次想回来，但又不放心妻子，终于送下去。一路上两人歌唱，对白，即景生情，趣味横生。李宝琴的步法，有快，有慢，前俯，后仰，既表现出骑驴的特点，又形容出农村中道路有时平坦，有时崎岖的情景；身段与音乐的结合，也紧密合拍。当她走过一座小桥时，驴子一惊，桂花身子斜侧，摔了下来，一筐食物掉到河里，这里所用的虚拟动作，使人感到如同有实物那样的紧张、逼真。桂花懊丧地说："东西都丢了，空手回娘家，多么不好意思。"最后又转忧为喜说："只要张三陪我回去，丈母娘看见女婿，比食物更高兴。"就在双双携手进场的时候，结束了这个喜剧。整个戏的结构，是生活化、舞蹈化，使观众在艺术上有舒服的享受。

泗州戏《花厅会》是《珍珠记》当中的一折，故事内容是描写高文举、张美容夫妻相会。霍桂霞同志扮演张美容，她的嗓音圆润，唱腔宛转，在泗州戏里以擅长歌唱为群众所欢迎，果然名不虚传。近年我曾看到赣剧《珍珠记》和潮剧《扫窗会》，张美容都是青衣的扮相，而《花厅会》里则以花旦的扮相出现，这样似乎减弱了张美容千里寻夫的悲怨气氛。我希望泗州剧团的编导同志对这个剧本再进行一次整理改编，那就更能发挥演员的才能，同时也能使内容与形式统一起来。

花鼓灯的《抢手帕》是冯国佩、石经礼两位同志扮演的哑剧，手、眼、身、步、扇子、手帕的功夫都非常到家，这种为农民所喜爱的民间舞蹈，与淮河流域的地方戏曲有密切关系，可以看出冯国佩的表演，是经过不断的加工，创造成为优美的舞蹈艺术的。据说这种舞蹈，最见功夫，有些年轻人，如果没有经过严格锻炼，表演几分钟就汗流浃背了。农民在田里干活休息时，就练习功夫，虽然是业余性质，但跌扑跟斗都不简单。文化局的同志对我说：冯国佩曾应中央舞蹈学校的邀请，到北京教练民间舞蹈。因此，像抢手帕、抢板凳等的节目，我曾从歌舞团的表演中看到过，所以并不感到生疏。

还有泗州戏老艺人李桂花同志表演的《压花场》，也是富有表演身段的哑剧，性质似乎跟花鼓灯相近，据她对我说，当年泗州戏在农村流动演出时，每到一处，开场第一个节目就是《压花场》，为的是叫观众看看这个班社里演员的功夫。

黄梅戏：

在合肥，看到了黄梅戏《蓝桥会》。在各种地方戏里都有这一折，剧情是描写一对青年男女婚姻不自由，在互相倾诉苦痛身世的同情下，约定中秋日相会。严凤英、王少舫两位分饰蓝玉莲、魏魁元，他们的表演艺术早已达到了成熟的阶段，我们在舞台和银幕上都看过他们的《天仙配》，这次在《蓝桥会》里，更觉得感情的交流，舞蹈动作的融洽，都比以前又有了提高。这种对儿戏，同台演员合作的时间愈久，生活气息愈丰富，技术也就更精炼了，他们在动作和表情里面，吸收了一些京剧和昆剧的表演艺术，使人看了并不感觉生硬。严凤英用一条白绸子来代替扁担和水桶的实物道具。不晓得是黄梅戏的传统，还是她自己想出来的，我认为这个法子不错。

我们还看了安徽省艺术学校学员演出的黄梅戏《打焦赞》。这是一出刀马旦应工的喜剧，饰杨排风的小姑娘——孙怀仁，她的鲜明、活泼、顽皮、可爱的形象，一出场就抓住了观众，有时拉一个云手，亮一个相，一种英武之气都在眉宇间透露出来，使观众相信她的本领一定能够打退韩昌，这位小姑娘才十六岁，学戏的时间，又只有一年多，我们剧团里的人都喜欢她的聪明秀丽，认为她是有前途的。但是，千万不可听了我们的赞扬，就骄傲自满起来，这样，会堵住各方面对你的批评，结果会脱离群众，使你的艺术走向衰退没落的道路。过去戏曲界许多有天才的青年演员，犯了这个毛病，都断送了美好的前程。这是应该注意的。

庐剧：

《打芦花》是庐剧的传统节目，我想，这出戏在旧社会里是曾感动过不少偏心的后母的，就在今天看来也还是一出好戏。登场演员有闵子骞夫妻、两个儿子、岳父母。大家的表演艺术，都在一定的水平以上，没有夸张过火的地方，就像真人真事一样，亲切的做出来，使观众受到感动。尤其是扮演闵妻的鲍志远在她的虐待阴谋被揭穿以后，能把剧中人羞愧悔悟的思想过程很细致地表达出来，这位青年演员是有前途的。演岳父的那位老艺人孙锦如一出台，我们就看出他的火候，如果，没有长期的舞台实践和生活体会，不会演得这样恰当、到家。这次可惜我没看到丁玉兰的戏，因为她新近动过手术，还在休养中。她到北京汇报演出，我看过她的《借罗衣》，功夫很结实，并且有丰富的生活体验，给我留下很深刻的印象。庐剧的青年演员应该向她多多学习。

我们看了安徽的几种地方戏以后，感觉到它们除了表演古代历史以外，还适宜于表演现代生活。因为像泗州戏、黄梅戏、庐剧等等本都是从农村小戏发展起来的，因此，在曲调、语言、动作各方面都比较生动、活泼，先天上就具备了表演现代戏的条件，假使从原有的传统基础上再创作一些表现现代生活的剧本，一定可以出色当行的。

徽剧：

我们观摩了安徽省徽剧团儿童学员的实习演出和老艺人的示范演出。

《审乌盆》在徽剧里是以高腔形式演出的。故事内容与京剧的《乌盆记》基本相同，但角色的行当分配颇有出入，在京剧里是以刘世昌为主的老生唱工戏，而在徽剧里刘世昌则用小生扮演，刘升也不是由丑角扮的书童，而是挂胡子的家院。对钟馗的处理方法也有所不同，徽剧是包公邀钟馗同审此案，最后由钟馗斩了赵大夫妻终场。京剧的钟馗因为赵大挖去画上钟馗的双目，才一怒而跳下凳子，指示刘世昌到包公那里去申冤。徽剧《审乌盆》是以小花脸为主，张别古的戏最多，赵大的戏也不少，刘世昌并不重要。《公堂》一场上两个门神，架起刀门，拦住刘世昌，这一穿插，也是京剧所没有的。我们从这些地方看到徽剧古老的表演形式，同时也可以看出京剧演变的源流，所以，很感兴趣。这出戏是由儿童学员演出的，演得都很好。

徽剧儿童学员曹尚礼演出的《秦琼逃关》，是三挡杨林的故事，京剧里又叫《麒麟阁》，是当年杨小楼先生的拿手戏。这出戏不容易演，手里拿着枪、马鞭，身上挟双铜（**按我们看见杨小楼先生演出时扎硬靠，背双铜，与徽剧的软靠挟铜不同**），腰插令旗，三场走边，都有繁重的身段，听说这位小弟弟学了还不到一年，能够表演这样一出唱做并重、讲究工架的武戏，而且稳练扎实，是令人可喜的。我想他的艺术，必定与年俱进，希望他认真地向老师们学习。

　　儿童学员演出的昆腔《断桥》，在表演方面，与今天的昆剧对照，却有不同之处，譬如青蛇威胁许仙时口吐舌头，象征着蛇吐芯的样子，面部表情和夸张的身段，都有花脸的痕迹，许仙跑步时手的动作和几步一回头的身段，也接近现实生活，这些都可以看出早期的表演形式。关于唱腔、出字、收音三方面，如果再更多地吸取一些昆曲的传统经验，我想是更有好处的。

　　徽剧老艺人程松顺表演的《龙虎斗》，是一出唱做并重的戏，这个戏的特点是以红生扮演赵匡胤，唱大段（唢呐二黄）。演员如果没有足够的嗓音，是很难见长的。京剧里也有这个剧目，从前有几位嗓音高亢的老先生，像李顺亭等就唱过这出戏，在科班里有些学生也拿它来练习唱工，台词与徽剧相仿，曲调略有出入。京剧是先用唢呐唱（二黄原板），末场转（西皮），徽剧也唱（二黄），但听上去似乎有一点（反二黄）的意味。那天只唱了一场，不晓得下面的场子是否相同。老先生高年唱唢呐调，并不吃力，可见幼工深厚，上高台的时候，桌上加椅，椅子前面好像加了一个垫子，上来下去，我很替他担心。在京剧里遇到上高台的场面，有时是用两张桌子，摆成丁字形，椅子放在上面就比较稳当，以后老先生再演这出戏，可以改用这种摆法。

　　几位老艺人合演的《打龙棚》，是徽剧的（拨子）。演郑子明的程发全同志，在极其繁重的唱做下，始终保持着饱满强烈的舞台气氛，突出了郑子明粗鲁豪爽的性格。程松顺同志饰赵匡胤，王正同饰柴五，都演得好。这个剧本含有浓厚的农民气息。剧作者对柴子耀、赵匡胤、郑子明三个人物性格的描写，都是根据农民的想象创造出来的。故事是这样：赵匡胤的妹夫高怀德打

垮了南唐仓子李霸所摆的擂台，上殿讨封，柴王想起杀父之仇
（高怀德的父亲曾杀了柴王之父），不但不封，反要问斩，赵匡
胤煽动郑子明打上龙棚与柴王辩理，使柴王软化，赦了高怀德。
所有台词、身段、表情，都生动地刻画了郑、赵两人的性格，看
出他们的一粗一细，一浅一深，在舞台上也形成了鲜明的对照。
《打龙棚》从剧本到表演，都保存了徽剧的特殊风格，是一个值
得推荐的好戏。

　　以上讲的是我看了你们的戏以后的一点体会。下面我再来介
绍我自己在表演上的一些经验。

　　每个戏都有它的主题，必然就有各种不同的人物性格，问
题是在我们应该怎样去体会角色，并且把它表现出来。我拿《霸
王别姬》来作个例子，这出戏是我在一九二一年开始编写的，大
家都知道项羽是一位古代英雄，由于战略上的错误，终于被围垓
下，自刎乌江。剧本批判他的刚愎自用，有勇无谋。我们的企图
是想说明：在战场上冲锋陷阵，虽然需要勇猛，但如果只凭勇
气，不懂战略，即使打了许多次胜仗，最后还会被敌人打垮的。
虞姬是一个善良、有见识、富有感情、坚贞不屈的女子，她厌恶
战争，向往和平，她对项羽的爱是无微不至的，为了爱情，甚至
于牺牲自己的生命。她一出场，在定场白里就用了这几句："自
从随定大王，东征西战，艰难辛苦，不知何日方得太平也！"概
括地描写了她厌战的心情。《回营》一场，她又有这样一段道
白："月色虽好，只是四野俱是悲秋之声，令人可惨，只因秦王
无道，兵戈四起，涂炭生灵，使那些无罪黎民，远别爹娘，抛妻
弃子，怎的教人不恨！正是，千古英雄争何事？赢得沙场战骨

寒！"这就进一步说明了她的厌战心情是从善良性格上来的。

我演虞姬，就是掌握了上面所分析的人物性格，随着剧情的发展而逐步深入的，大概可以分为五个阶段：

（一）从上场到虞子期进宫以前，还没有接触到戏剧的矛盾，这是平静阶段，所以她的情绪比较从容、安闲。

（二）从虞子期进宫报告出兵不利的消息，到虞姬一再谏阻项羽发兵无效，这一段戏里她好像有一块石头压在心上，可以说是忧虑阶段。

（三）从项羽被困垓下，战败回营，到她出帐散步，由于她所忧虑的出兵不利已成事实，除了安慰项羽之外，别无良策，这是苦闷阶段。

（四）从太监的探报中，证实了楚国歌声俱是败军所唱，到她舞剑为止，这时虞姬已经知道大势已去，难以挽回，进入紧急阶段。

（五）最后，八千子弟兵俱已散尽，敌兵又四路进攻，虞姬到了生死关头的绝望阶段，再也压不住自己的悲痛，全部感情尽量发泄出来，直到悲壮自刎。

上面五个阶段中，以第四段比较难演。虞姬在这种紧急情势之下，她还是压住了自己的悲痛，先用话来安慰项羽，再用劝酒、舞剑等方式为他解愁。她既有这样一个矛盾的心理，我就必须用两种方法来表演：（一）面对项羽时强为欢笑。（二）背着项羽时暗自悲伤。我有没有对着项羽流露伤感的表情呢？有的。一处是项羽念到："啊呀，妃子呀！看此情形，就是你我分别之日了！"我压不住自己的情感而哭了。一处是项羽掷杯起歌，念到："虞兮虞兮奈若何！"我不但哭了，而且把头伏在他的臂上，表示虞姬的沉痛已达于极点了。还有一处是，我念到："大王慷慨悲歌，使人泪下"，我也擦了一下眼泪，可是紧接着我念："待妾歌舞一回，聊以解忧如何？"的时候，马上又转了笑容。

虞姬为了使项羽暂时消愁解闷，在她最心爱的人的面前最后的一次舞剑，如何处理，确实不很容易。我是抓住"悲壮"二字，利用了"抱剑上场"和"舞毕收剑"两个背对项羽的机会，向观众表达了虞姬内心的悲痛。讲到这里，我顺便谈谈创造这套剑的过程。首先我学会了"太极剑"，假使原封不动地搬上舞台，会有舞蹈性和节奏感不强的缺点，所以我拿"太极剑"的功底作为基础，运用了一些传统的表演方法来进行创造，这样才跟节奏符合。至于舞剑的技巧，只要懂得节奏方面是由慢转快，把部位学准确了，再要求熟练，自然会找到窍门的。

关于修改剧本的几个实例：

大家都说我演的戏常常改动。不错，我承认这一点。这次我带来的六个戏，虽然都是常演的节目，假如有一位多年不看我的戏的老观众今天再来看看，从剧本到表演，都会感到跟以前是大有区别了。我为什么要改？改的又是哪些东西呢？我先举几个关于修改剧本的例子：

（一）大凡遇到剧情过于复杂，使观众看不清戏里究竟想说些什么问题，这就需要加以精简了。最初，我改编的全本《宇宙锋》，要演四个钟头，就犯了这个毛病，我把它压缩成三个多钟头的戏，还是觉得太长，从《金殿》的高潮以后，到匡赵夫妻重圆，这中间还有许多都是交代故事的场子，没有什么精彩，我又把它改演到《金殿》为止，因为观众已经看见匡扶逃出城去，赵女也安然渡过金殿这重难关，他们后来的重圆，是可以理解得到的了。解放后，我又感到《放粮》等场子没有必要，又删掉几场，可是前后的场子删得太多了，故事就有点不接气。前年，我们在北京又把它整个地重新整理了一下，放弃了原来赵高想篡位的情节，专写一个权奸为了自己的专横弄权，不惜牺牲他的亲生女儿。这样，赵女的一切斗争的主题，比较集中起来，那就是现在的演法。诸位听了，就知道我对这出戏的本子，改的次数不算少啦。

这许多年的经验告诉我，如果一出长篇故事的戏要在一晚演完，情节尽管可以有曲折，但线索不宜太多。像《十五贯》里本来是写熊友兰、熊友蕙兄弟二人两件冤枉案子，苏昆剧团改编时，把弟弟熊友蕙这条线掐掉了，反而使这出戏的主题更为明确和集中。这就是一个很好的例子。

（二）剧中人物有不统一的地方，也是我们要改的对象。老实说，从前我演的《宇宙锋》，赵女的性格前后就不统一。她在出嫁之前，已经知道匡赵两家结怨很深，嫁后发生盗剑的事情，老本子里赵女并不疑心是她父亲的阴谋，还写信给赵高，请他帮着找回宝剑。还有匡洪下狱后，家人赵忠回府报信，赵女对丈夫表示，她要回去请求赵高设法营救，被她丈夫谴责了几句。这两个地方都把赵女写得太愚蠢了，和后面装疯的赵女具有机智、坚强斗争的性格判若两人。现在，我们改为赵女对她父亲有所怀疑，因而派哑奴送信回家，察看赵高的动静。又在赵忠报信后，把赵女的思想改为她已经看出是赵高下的毒手，马上就要回家与父亲争论，希望有所挽回。这样，赵女的人物性格才统一起来。又如，《霸王别姬》中项羽的性格，过去也有不统一的地方。当汉兵围攻紧急时，他对虞姬说："不能与妃子同行……"想把虞姬托付给刘邦，认为刘邦不至于杀害虞姬。这几句话是很不符合项羽的性格的，现在，我们改为项羽见军情紧急，要拉虞姬一同杀出重围，虞姬恐怕牵累项羽，因此拔剑自刎。

（三）剧中如有迷信、黄色等糟粕，那也应该剔除。如《奇双会》中《哭监》一场，李桂枝的父亲李奇在监中啼哭，从前有一个鹗神上场，把李奇的哭声传到桂枝的耳边，这是迷信，我把鹦神去掉了。还有，李奇向桂枝叩头时，桂枝会头晕起来，这也是迷信，我把它改为桂枝见老犯人棒伤疼痛，起了怜悯之心，才叫他面向外垫跪回话。

我们对待传统节目的态度，不是说只能原封不动地拿上台去演，必须经过仔细的分析，发现它是香花，还要检查它有没有毒草，如果是香花毒草并存的话，那我们就该做拔草护花的工作，把毒草拔尽，使香花更鲜艳地呈现在大家的面前。

从《别姬》谈我在表演上的改革：

前面谈了剧本的修改，我再以《别姬》为例，来介绍我在表演上的改革：

（一）虞姬有两次迎接项羽，过去我在表演上是差不多的。现在，第一次闻报"大王回宫"，我先整整鬓发，理理服装，表现是从容地出去接驾。第二次项羽从战地回营，情形就不同了，我一听他回来，马上抢着去接，并且扶着项羽仔细地上下察看他身上是否受伤。这样做有两个好处：一来可以说明虞姬人在营中，心在阵前，时刻挂念项羽的胜败安危，二来又变动了两次接驾的重复样子。

（二）《巡营》一场，项羽在帐中休息，更夫在营外巡更，过去我在这里是睡着的，这就不太好了，因为项羽在临休息前嘱咐虞姬说："妃子，你要惊醒了！"虞姬怎么还能睡觉呢？现在我不睡了，改为坐在那里守卫着项羽。由于睡和醒的表演不同，所以我在四个更夫下场后的身段，改为先听敲几更，再用手整整鬓，冲着项羽睡的方向看一眼，比以前搓搓手，揉揉眼，表示刚醒的样子，似乎要合理得多，并且跟我接念的那句："看大王睡卧帐中"也有了紧密的联系。

（三）过去四个更夫第二次上场，嘴里明明在说听见楚歌，而场内并没有歌声，这会使观众不了解更夫的话。现在场内也唱楚歌啦，可是问题又来了，在更夫上场前，只有虞姬一人在场，假如是在听楚歌吧，后面还要听一次，未免重复了，假如不听吧，明明场内在唱，怎说听不见呢？经过几次的尝试，现在我是这样处理的：虞姬听到歌声，正要走过去，更夫上场了，她只好退下一步，表示没有听清楚，所以没有引起注意。这样，并不影响她第二次听楚歌，楚歌在这场戏里是个重要的关键，有必要把它突出来。

（四）听完楚歌以后，项羽知道大势已去，这时他恋恋难舍的，除了虞姬之外，还有一匹乌骓马。先前的表演是，项羽听到马叫，问别人这是什么声音，太监在旁告诉他乌骓在叫。自己最心爱的马的声音都听不出来，这就损害了这位英雄的性格。现

在改为项羽听到乌骓在咆哮声嘶，马上叫人把它牵了上来。过去
牵马的是太监，现在改用马童，通过马童的表演，容易显出乌骓
的烈性，也就更衬托出项羽的刚强性格。项羽见马伤感时，有两
句唱词："乌骓马它竟知大势去矣，因此上在槽下咆哮声嘶。"
这不是迷信，而是反映了当时项羽的心理状态，假如打了胜仗回
来，听到马叫，就会认为马是在为他庆贺而叫呢。

　　总之，戏要不怕改，一改再改，甚至有个别地方改掉了觉
得不合适，再改回来，也是可以的，主要是应该多听取别人的意
见，通过舞台上的实践，不断地研究，边演边改。我的经验，改
一次总比较精炼一些，更符合剧情一些。

（《梅兰芳戏剧散论》）